LA LÉGISLATION

DES

PATENTES OU BREVETS D'INVENTION

DE LA GRANDE-BRETAGNE.

A. PIHAN DE LA FOREST,
IMPRIMEUR DE LA COUR DE CASSATION,
Rue des Noyers, n° 37.

LA LÉGISLATION

DES

PATENTES OU BREVETS D'INVENTION

DE LA GRANDE-BRETAGNE,

EXPLIQUÉS FAMILIÈREMENT,

POUR SERVIR DE GUIDE AUX INVENTEURS ET AUX BREVETÉS;

PAR **W. CARPMAEL,**

A LONDRES, 4, OLD.-SQUARE.

Ouvrage que lui-même a traduit en français, sur la seconde édition anglaise, et que publie H. Truffaut, son correspondant à Paris, rue Favart, 8, qui en a revu la traduction et y a joint 1° l'état indicatif des frais d'obtention des patentes, en Angleterre; 2° un précis critique des principales dispositions législatives qui consacrent et règlent, en France, les droits des auteurs ou importateurs d'inventions et de perfectionnements dans les arts et métiers.

PARIS,

Chez
- A. PIHAN DE LA FOREST, imprimeur-libraire, rue des Noyers, 37;
- H. TRUFFAUT, correspondant de M. CARPMAEL, rue Favart, 8;
- et les principaux libraires de la capitale.

JUIN 1840.

AVANT-PROPOS

DE L'ÉDITEUR.

La législation qui régit les patentes anglaises, titres qui correspondent à ceux que nous avons nommés, en France, brevets d'invention, n'est pas spéciale, et n'a jamais été comprise dans une loi ou dans un corps de lois. Tirant son principe fondamental, comme l'a remarqué M. Carpmael en son premier chapitre, du statut dit du *monopole*, que Jacques Ier sanctionna en 1623, dans la 21e année de son règne, elle s'est formée successivement par les décisions et la jurisprudence des Cours de justice, par l'usage, la coutume, et par des applications du droit commun. Plus récemment, et en mai 1832, il y a été fait diverses modifications, plus ou moins importantes, par un bill vulgairement appelé en Angleterre, du nom de son auteur, loi de lord Brougham.

Antérieurement à ce bill, plusieurs écrivains anglais, et notamment M. Carpmael, avaient expliqué et commenté la législation des patentes; mais leurs ouvrages, et le sien, étaient devenus incomplets, à cause des changements introduits par la législation dans le sujet qui y était développé.

C'est ce qui le détermina, vers la fin de 1835, à revoir soigneusement la première édition de son œuvre. Il en donna au public, à la même époque, une seconde édition qui embrassait tous les points de la législation des patentes, dans son état actuel. Plus tard ayant pensé que cette dernière publication ne serait pas inutile en France, M. Carpmael l'a traduite en français, et, pour entrer dans ses vues, H. Truffaut, son correspondant à Paris, la met au jour avec quelques notes sommaires, et avec deux additions, dont une assez courte, et l'autre de quelque étendue.

Elle ne peut, effectivement, que rendre service à des inventeurs français qui, voulant faire patenter leurs inventions en Angleterre, ignorent la marche qu'ils ont à suivre, et ne connaissent pas la législation qui doit y protéger les droits dont ils désirent de se procurer la jouissance.

D'un autre côté, on la comparera avec fruit à nos lois sur les brevets d'invention, de perfectionnement et d'importation; et le rapprochement qui en sera fait, conduira peut-être à plus d'un moyen susceptible de contribuer utilement à cette amélioration.

AVERTISSEMENT

PLACÉ EN TÊTE DE LA SECONDE ÉDITION DE L'OUVRAGE DE M. CARPMAEL.

En offrant au public la seconde édition de cet ouvrage, l'auteur s'empresse de témoigner sa sincère reconnaissance pour les éloges flatteurs qu'il a reçus de plusieurs patentés et d'un grand nombre d'organes de la presse, et de remercier les uns et les autres des avis officieux qu'ils lui ont donnés sur des parties de la première édition, qui n'expliquaient pas suffisamment certains points de la législation des patentes. Il a eu soin de profiter de ces avis : son travail devenu plus complet, sera ainsi d'une utilité plus générale.

Comme l'auteur en a préparé la nouvelle édition à une époque où la législation des patentes avait été revue et rectifiée par un acte législatif, il a senti la nécessité d'y joindre quelques chapitres pour expliquer les dispositions de cet acte, et en déduire des conseils aux brevetés qui voudront s'assurer les avantages qu'il leur présente, et défendre leurs droits contre les atteintes qui y seraient portées. Il espère, d'ailleurs, que la jouissance de ces droits en sera mieux garantie et exposée à beaucoup moins de troubles.

1er décembre 1835.

PRÉFACE

DE LA PREMIÈRE ÉDITION.

Il est assez étonnant que parmi les publications qui traitent de la législation des patentes, il n'ait pas encore paru d'ouvrage populaire à l'usage des inventeurs et des patentés : la surprise redouble quand on réfléchit qu'ils ont à redouter plus d'une erreur en obtenant de la Couronne, les concessions protectrices de leurs découvertes.

C'est pour remplir cette lacune, que l'auteur publie un ouvrage où il se propose d'expliquer familièrement la nature des patentes, et la législation relative à la propriété qu'elles confèrent.

Livré depuis longtemps à l'étude des arts industriels, et s'étant toujours fait un plaisir d'éclairer les inventeurs et les patentés sur la meilleure manière de s'assurer du fruit de leurs inventions, il a apprécié assez exactement le genre des instructions nécessaires à la plupart d'entre eux ; il s'est pénétré, en même temps, des causes qui ont rendu nulles des découvertes très-précieuses, les inventeurs n'ayant pas bien connu ce qui était prescrit, soit pour les guider dans l'obtention des lettres-patentes, soit pour les mettre en état de juger de la capacité des personnes qu'ils chargeaient de dresser les plans ou dessins de leurs spécifications (1). C'est par ces considérations que l'auteur va expliquer sommairement ce qu'il est essentiel d'observer à l'effet de garantir les inventions par des lettres-patentes; dans ce but, il a jugé indispensable d'insister sur deux points fondamentaux de la matière, qui sont : le titre à donner à l'invention quand on fait la demande de la patente; et la spécification qui en décrit la nature, son étendue et ses limites.

(1) Les Anglais appellent *spécifications* ce qui est connu, en France, sous le titre de *Descriptions* ou *Mémoires descriptifs* des procédés et moyens qui constituent les découvertes industrielles. (*Note de l'éditeur.*)

PROSPECTUS.

MM. Poole et Carpmael, agents pour les brevets d'invention, 4, Old'square, Lincoln's jnn, à Londres,

Se chargent de faire obtenir des patentes ou brevets d'invention en Angleterre, en Ecosse et en Irlande, ainsi qu'en France, en Hollande, en Belgique et dans les autres Etats du continent;

Donnent leur avis sur la législation relative aux patentes anglaises, leur opinion sur les cas où la jouissance en serait troublée, et offrent tous les renseignements dont les inventeurs et les patentés ont besoin : ils rédigent les spécifications et dressent les dessins des inventions; et aident leurs auteurs à s'assurer qu'elles sont nouvelles.

N. B. Ils tiennent des listes exactes, par ordre alphabétique, de toutes les patentes qui ont été accordées, depuis leur origine, et permettent qu'on les consulte sans frais.

Leur correspondant à Paris est M. H. Truffaut, rue Favart, 8.

LA LÉGISLATION

DES

PATENTES OU BREVETS D'INVENTION

DE LA GRANDE-BRETAGNE,

EXPLIQUÉE FAMILIÈREMENT,

POUR SERVIR DE GUIDE AUX INVENTEURS ET AUX BREVETÉS.

CHAPITRE PREMIER.

Des patentes ou brevets d'invention.

Nous trouvons dans l'histoire la plus ancienne de l'industrie de la Grande-Bretagne, qu'on y a toujours regardé comme faisant partie des prérogatives de la Couronne d'accorder des priviléges d'une nature exclusive, à titre de récompense méritée par ceux qui ont été les premiers à introduire des fabrications en ce pays. Ces concessions doivent être considérées comme l'origine de la législation sur les patentes : on peut aussi dire avec certitude que nous sommes redevables des premiers lainages, des premières toiles, ainsi que de plusieurs autres branches industrielles, aux priviléges offerts à des étrangers, pour attirer leurs arts chez nous; car il faut avouer qu'à cette époque, peu de fabriques étaient formées par des naturels de l'Angleterre. Notre pays était alors une terre belliqueuse, dont les habitants n'envisageaient qu'avec mépris les manufacturiers paisibles, qu'ils chargeaient même souvent de lourds impôts pour le soutien de la guerre; et de là d'autres priviléges d'incorporation (1), à titre de compensation, qui ont été cause que tout le monde n'avait pas le droit, dans certaines localités, de fonder des établissements d'industrie, à moins d'être membre d'une corporation particulière.

Tant qu'on n'accorda de priviléges exclusifs qu'aux personnes qui introduisaient des fabrications nouvelles dans le royaume, et à des naturels ou autres pour avoir inventé de nouveaux moyens d'industrie, ces encouragements de la part de la Couronne tournaient efficacement à l'avantage du commerce. Mais il en résulta une pratique bien différente, qui se glissa peu à peu dans cette branche des prérogatives royales, savoir celle de donner à des favoris, etc., des droits exclusifs de vente de diverses marchandises. Cet abus de la prérogative était parvenu à tel point, sous la reine Elisabeth, que ses funestes effets avaient anéanti toute prospérité publique. Des représentations ayant été soumises à cet effet à la Chambre des communes, il fut reconnu que le sel, le fer, la poudre, les

(1) Il y a encore en Angleterre un très-grand nombre de corporations d'arts et métiers, jouissant de certains avantages qui leur sont propres. Elles diffèrent aujourd'hui de celles qui existaient autrefois en France, principalement en ce que le nombre de leurs membres respectifs n'est pas limité. Voir le *Traité des Brevets d'invention, de perfectionnement et d'importation*, par M. Renouard, chap. 3, section 2. (*Note de l'éditeur.*)

cartes, l'huile de baleine, le charbon de terre, la poterie, les verreries, en un mot toutes les branches de commerce se trouvaient accaparées, en vertu d'ordres de la Couronne, tant par des favoris que par des personnes qui avaient avancé de l'argent pour remplir les coffres épuisés de la Trésorerie. L'examen de ces repréhensibles concessions provoqua de sévères critiques de la part de plusieurs membres, ce qui fit prendre à Sa Majesté la détermination d'envoyer à la Chambre un message tendant à l'annulation de toute espèce de monopole, annulation qui eut lieu en grande partie ; toutefois, c'est seulement sous le règne de Jacques Ier que ces concessions furent abolies définitivement, tant pour le passé que pour l'avenir, d'après le statut contre le *monopole* (21 statut Jacques, ch. 3, 5, 6), par lequel tous les monopoles furent déclarés nuls; il fixa également l'étendue de la prérogative du Roi, en ce qui regarde les concessions légales qu'il ferait ultérieurement. Au nombre de celles-ci, se trouvaient les patentes ou brevets d'invention que l'on avait accordés jusqu'alors pour vingt-un ans, et il fut statué que dorénavant la durée en serait réduite à quatorze, et qu'il n'en serait délivré que pour des fabrications nouvelles. Cet acte détruisit tout d'un coup le système qui existait depuis si longtemps, et d'une manière si préjudiciable.

Après avoir ainsi donné un aperçu succinct de l'origine de notre législation sur les patentes ou brevets, il convient d'examiner le sens du mot *monopole*, attendu qu'on le confond souvent avec le brevet d'invention, ce que n'implique pas une concession de cette nature. On peut définir le monopole : une concession ou licence accordée par le Roi, à une ou plusieurs personnes, conférant le droit exclusif d'acheter, vendre, confectionner, exploiter ou employer, etc., telle ou telle chose, dans le but d'enlever au public tout privilége ou toute liberté qu'il y avait. Or, il est évident que la concession d'un brevet d'invention est tout l'opposé d'un monopole; car une patente n'est valable qu'autant qu'elle est délivrée pour une invention nouvelle et, par conséquent, nulle personne n'est privée, par une telle concession, de la liberté qu'elle avait antérieurement. Il importe de bien se pénétrer de cette distinction, d'où dépend toute la législation des patentes.

Des écrivains, en très-petit nombre, ont pensé que le privilége, quoique restreint, était nuisible au commerce, empêchant, à leur avis, les progrès rapides que l'on pourrait faire dans les perfectionnements qu'amènerait ce que l'on peut appeler un commerce libre en fait d'inventions ou, pour parler plus clairement, que toutes les inventions devraient devenir immédiatement la propriété du public en général. Il est facile de réfuter, et sans avoir recours à de grands arguments, de telles propositions. Que l'on considère un instant les frais extraordinaires que nécessite le succès d'une invention, et les pénibles soucis où elle jette son auteur, et l'on conviendra que personne ne voudrait s'exposer à une mise de fonds considérable pour établir une nouvelle fabrication, si ses voisins et ses concurrents pouvaient, aussitôt que l'invention est parfaite après avoir été longtemps méditée, se mettre à l'œuvre sur les mêmes plans, et sans indemnité au profit de l'inventeur. Il est certain, cependant, qu'il mérite quelques encouragements et quelque récompense. Qu'y a-t-il de plus juste, peut-on dire, et en même temps de plus avantageux à l'Etat, que d'accorder au premier inventeur ou au premier introducteur d'une découverte nouvelle et précieuse, un privilége exclusif pour un nombre d'années déterminé, pourvu qu'il dépose la description de son invention, qui permette au public d'en jouir plus pleinement, à l'expiration du privilége? Telle est la nature de la propriété que crée la patente : c'est une récompense accordée au premier inventeur d'un moyen d'industrie nouveau, quel qu'il soit, ou qui établit une fabrication nouvelle et avantageuse. Lorsque l'on dit le premier inventeur, cette expression renferme également l'idée du premier importateur même étranger, car il lui est aussi dû protection pour toutes les inventions qu'il apporte en ce pays.

C'était naguères une observation assez commune que la législation relative aux brevets d'invention, ne donnait pas efficacement à l'inventeur la protection qu'il devait attendre en considération des avantages que le pays recueille en tout temps, par l'introduction de quelque nouveau genre de fabrication; ce sentiment provenait de l'ignorance de ceux qui étaient intéressés à connaître parfaitement ce que la même législation leur commandait. De là il arrivait que des spécifications d'inventions précieuses étaient enregistrées, fort souvent, sans fournir une idée nette, précise et bien définie de la découverte que l'inventeur faisait patenter. Il s'ensuivait donc que, lorsque des patentes étaient présentées dans les cours de justice, appuyées sur de semblables spécifications, malgré tout le désir qu'éprouvaient les juges de donner plein effet à la loi, en confirmant à l'inventeur la juste récompense de son invention, néanmoins avec des documents tels qu'on les enregistrait alors, il était fréquemment impossible de défendre la validité de la patente; et cela provenait, dans presque tous les cas, de ce que le patenté n'avait pas défini et expliqué son invention d'une manière claire et loyale. Cependant, l'éclatante publicité qu'ont reçues les décisions modernes des Cours en affaires de patente, a dissipé en grande partie les doutes qui existaient sur la sécurité où doivent être les porteurs de ces titres, s'ils ont employé les précautions et les soins nécessaires pour imprimer à leurs spécifications un sens lucide et précis. C'est ce qui fait qu'en Angleterre, les patentes ont pris entre les divers genres de propriété, la position qu'elles auraient dû depuis longtemps atteindre. On peut surtout attribuer ce résultat à une connaissance plus exacte de la législation, ce que l'on remarque dans la rédaction des spécifications qui s'enregistrent depuis quelques années.

Nul doute qu'un inventeur ne doive savoir où son invention commence et où elle finit. C'est ce qu'il est tenu de désigner dans sa spécification, en ne s'attribuant pas celles des parties qu'il décrit et qu'il n'a pas inventées. A défaut de cette distinction, les autres inventeurs et le public ne peuvent connaître ce qui est garanti par une patente. Il leur appartient cependant d'en être instruits, et c'est pour cela que des spécifications sont exigées. Lord

Eldon a remarqué bien justement que le public a le droit de s'adresser au bureau des patentes et d'y prendre connaissance des spécifications, afin de ne pas perdre son temps, ses peines, et peut-être des fonds considérables sur une invention déjà patentée : le porteur de la patente pourrait, effectivement, en alléguer la violation par une patente nouvelle, tandis que si la spécification de la première avait été lue, on n'aurait eu garde de persister dans le projet d'en obtenir une seconde. Toutefois, comment y parvenir, si le breveté ne décrit pas complétement, d'une manière claire et loyale, l'objet de sa découverte, et s'il ne désigne pas ce qui, dans les parties décrites, constitue l'invention qu'il réclame en vertu de la patente?

En exécution du statut de Jacques Ier, la couronne a le droit d'accorder des lettres-patentes conférant un privilége exclusif « pour de nouvelles fabrications. » En usant de ce pouvoir, la couronne n'octroie le privilége, qu'à la charge qu'une description pleine et entière sera déposée au bénéfice du public, et elle attend que celui en faveur duquel la concession est faite, emploie tous les moyens qui sont à sa disposition pour rendre sa patente valable. *Le breveté est donc jugé d'après son propre fait.* S'il tente de s'attribuer dans sa spécification plus que ce qui est nouveau et utile, la patente est nulle; car le roi ne peut accorder l'usage exclusif d'une chose qui est ancienne. C'est ce qui arrive encore, si l'on tient caché quelque renseignement essentiel. Il est donc prouvé à toute personne qui examine la législation des patentes, telle qu'elle est maintenant, que si un inventeur décrit loyalement son invention pour le bien du public, et s'il restreint ses prétentions de nouveauté à ce qui est réellement nouveau, la loi le couvre de toute espèce de protection.

Cette dernière disposition a été un peu modifiée par les amendements qu'y apporte le bill de lord Brougham, attendu qu'un breveté a actuellement le droit de désavouer des points que lui attribuait sa spécification originale; mais s'il prétendait, lors d'un procès, à quelque chose de plus que ce qui était nouveau à la date de la patente, il serait condamné : en outre, si le procès avait lieu en vertu d'une ordonnance de *Scire facias* (1), pour annulation de la patente, cette patente serait déclarée nulle dans le cas où elle s'étendrait au-delà de ce qui était nouveau, à l'époque de sa délivrance. Il est donc également nécessaire, dans le nouvel état de la législation, de rédiger la spécification avec les plus grands soins; autrement ceux qui voudraient faire tomber une patente, ne manqueraient pas de procéder immédiatement par *Scire facias*.

(1) Une ordonnance de *Scire facias*, est celle qui, obtenue en cour de chancellerie, accorde l'autorisation d'attaquer en justice la validité d'une patente. Il en résulte une action analogue à celle qui, en France, est dirigée contre un brevet d'invention qu'on argue de nullité, et qui tend à le faire déclarer nul. (*Note de l'éditeur.*)

CHAPITRE DEUXIEME.

De l'interprétation que l'on a faite de l'acte 21 du roi Jacques Ier, c. 3, § 6.

Dans le chapitre précédent, j'ai parlé, en termes généraux, du statut contre les monopoles. Il convient maintenant d'en examiner et scruter la partie qui est relative aux patentes ou brevets d'invention, afin que chacun en juge et apprécie le sens que je vais rechercher. Le statut déclare d'abord que *toute concession de monopoles*, est contraire aux lois du royaume; il ordonne ensuite que les monopoles seront jugés par la loi commune du pays. En défendant à toutes personnes d'exercer ou de faire valoir ces concessions octroyées antérieurement, il porte que ceux qui souffriraient de leur exercice, recouvreront triples dommages et doubles frais. Continuant de déclarer que ses dispositions ne s'étendront pas aux priviléges accordés pour de nouvelles fabrications, ni aux concessions qui seraient faites ultérieurement pour des inventions nouvelles, il s'exprime dans les termes suivants: « Et qu'il soit décrété que nulle des déclarations « ci-dessus mentionnées, ne s'étendra à aucune « des lettres-patentes et concessions de priviléges « pour le terme de quatorze ans ou au-dessous, à « délivrer plus tard, à l'effet de travailler et faire « exclusivement toute espèce de nouvelles fabri- « cations dans ce royaume, au premier et véritable « inventeur, ou inventeurs de ces fabrications, « desquelles d'autres, pendant la durée de la con-

« cession de ces lettres-patentes et priviléges, ne « pourront faire usage; pourvu qu'elles ne soient « point contraires à la loi, ni préjudiciables à « l'Etat, par élévation du prix des marchandises à « l'intérieur, ou détriment du commerce, ou in- « commodité générale : lesdites quatorze années à « compter de la date desdites lettres-patentes ou « concessions de ces priviléges à délivrer ultérieu- « rement; mais qu'elles auront la même force qu'el- « les auraient eue si le présent acte n'avait jamais « été passé, et nulle autre. » Ainsi ce statut n'établit pas, comme on le verra, une nouvelle disposition législative sur les droits de la couronne; il lui reconnaît le pouvoir qu'elle avait antérieurement, de faire des concessions de priviléges exclusifs pour toute espèce de fabrications nouvelles, sauf qu'il restreint à quatorze ans la durée de ces concessions. Il importe beaucoup que le statut soit considéré comme un acte déclaratif des prérogatives de la couronne, indiquant ce qu'elle peut ou ne peut faire légalement; car il est évident que s'il promulguait une nouvelle extension de ses pouvoirs à ce sujet, les mots *au premier et véritable inventeur ou inventeurs de ces fabrications*, s'opposeraient à ce qu'une patente valable fût délivrée à l'importateur d'une invention communiquée par l'étranger; mais en lisant tout le statut, on voit clairement que la clause relative aux brevets d'invention y a été insérée exprès pour faire comprendre que les concessions de cette nature ne devaient pas être regardées comme monopoles. C'est pourquoi l'intention de la loi a été, quant à cette partie de la prérogative de la couronne, de conserver aux lettres-patentes qui en avaient manifesté l'exercice, *la même force qu'elles auraient eue si l'acte n'avait jamais été passé.* Déjà il a été dit que les premières concessions furent faites à des étrangers, et pour des inventions qu'ils avaient introduites dans ce pays. Il suit donc de ce qui vient d'être expliqué, que la coutume qui existait avant la promulgation du statut de Jacques Ier, doit être maintenue, et c'est ce qui a été confirmé par des décisions judiciaires postérieures : les patentes prises pour des inventions communiquées par des étrangers, ont toujours été reconnues valables.

On a critiqué quelquefois les termes qui définissent le sujet d'une patente; on a prétendu que l'objet n'en était pas désigné par les mots «toute espèce de « fabrications nouvelles », aussi clairement qu'il serait à désirer. Je ne suis pas de cet avis; en effet, en approfondissant le sens assigné au mot *fabrication* par nos meilleurs auteurs et lexicographes, je trouve que c'est « une chose faite par art », et c'est toujours l'interprétation donnée au statut par les juges devant lesquels ont été plaidées des affaires de patente. Ainsi, M. le juge Heath a dit, en rendant sa sentence dans la cause de Bolton et Watt contre Bull, « j'approuve le terme *fabrication* dans le « statut, parce qu'il exclut tout sens ambigu et « équivoque; il nous fait comprendre la raison de « la clause où il a été inséré pour le bien du com- « merce. Ce qui forme le sujet d'une patente, doit « être spécifié, et ce doit être ce qui est vendable : « autrement, ce ne pourrait être une fabrication. »

Un avocat plaidant contre des patentes qu'il voulait faire déclarer nulles, insistait souvent sur ce que c'était pour un principe, et non pour une fabrication que la patente avait été obtenue. C'est ce qui a été décidé dans quelques cas (1), mais à tort; on y a confondu le principe d'action des parties d'une machine, avec un principe existant dans la nature, la combinaison ou application du premier étant le sujet d'une patente, tandis que le second, comme il a été statué anciennement, ne peut pas le devenir.

Je ne sache pas qu'une patente ait été annulée sur un tel fondement, quoique cela puisse arriver, parce qu'on a demandé peu de patentes pour des principes nouvellement découverts. Il doit paraître évident à toute personne qui s'est donné la peine d'examiner la question de ce qui est susceptible de constituer le sujet d'une patente, que la découverte d'un principe qui existe dans la nature n'est pas une invention ou une découverte que l'on puisse protéger, ou pour l'usage de laquelle il soit possible d'accorder un privilége exclusif. Une semblable concession enlèverait à la société ce qu'elle possédait auparavant; car, quoique l'on puisse ignorer de quelle manière un principe naturel agit, cependant son travail ne cesse pas de s'opérer. Ainsi, je donne pour exemple la découverte faite par Newton, de la cause et de l'opération de la gravitation. Ce procédé de la nature avait toujours subsisté et continué d'agir, et la chute des corps avait été appliquée de bien des manières, mécaniquement et avec avantage, quoique la cause de son action fût in-

(1) Voir Minter contre Wells, pag. 354, vol. II, *Répertoire des Brevets d'invention*, nouvelle série.

connue. Or, il serait absurde de supposer qu'on eût pu accorder à Newton, une patente pour toute application du principe de cette action naturelle.

Il m'a semblé convenable de présenter, dans le chapitre actuel, ce petit nombre d'observations sur cette partie de mon sujet, uniquement afin que l'attention se dirige sur la distinction à faire entre la découverte d'un principe existant dans la nature, pour lequel une patente ne saurait être valable, et l'invention de quelque chose de nouveau dans les arts ou, en d'autres termes, la combinaison de substances connues, accompagnée d'instruments et de principes propres à créer des fabrications nouvelles qui sont très-susceptibles d'être patentées. Mon intention est de consacrer un chapitre spécial au mot principe, car bien qu'un principe ne puisse pas former par lui-même et isolément le sujet d'une patente, néanmoins sa combinaison nouvelle ou l'application d'un principe connu à une mécanique ou fabrication, par laquelle combinaison la mécanique se trouve améliorée d'une façon ou d'autre, cette combinaison, dis-je, devient une invention qu'une patente peut protéger.

En examinant avec soin les nombreuses patentes qui ont été publiées, l'on reconnaîtra que les inventions dont suit l'indication sommaire, sont susceptibles d'être garanties à leurs auteurs, par des lettres-patentes.

I. Une nouvelle combinaison de parties ou d'instruments mécaniques, par laquelle on produit une machine nouvelle, quoique chacune de ses parties, prise séparément, soit ancienne et parfaitement connue.

Nous pouvons citer un exemple d'une pareille machine.

On avait pris une patente pour une mécanique propre à tondre le drap, par le moyen de tranchants rotatoires en spirale agissant sur une lame droite et fixe; la mécanique était construite de telle sorte que le drap en passant à travers, pour être rasé, dut subir l'opération des lames tranchantes, de manière à être coupé de lisière en lisière. Il fut reconnu que c'était un arrangement ou une combinaison de parties mécaniques formant une machine de la plus grande utilité, quoique les parties prises séparément mais combinées d'une manière différente, eussent déjà été employées dans le même but. Le breveté eut soin de s'attribuer la combinaison des parties, ainsi qu'elle était détaillée dans sa spécification, c'est-à-dire son effet particulier et caractéristique de couper de lisière en lisière avec un tranchant rotatoire; et comme ses importants résultats dépendaient de ce caractère spécial de combinaison, lord Tenterden dit : « Si avant la « patente du demandeur, la coupe de lisière en lisière, « telle qu'elle a été décrite, et son action obtenue « par des tranchants rotatoires, n'ont pas été com« binées, je suis d'avis que cette invention du de« mandeur lui donne le droit de soutenir sa cause. » Par cela même il appuya la validité de la patente, à cause de la nouvelle combinaison d'anciennes parties mécaniques. On peut dire que la plupart des patentes se prennent pour des combinaisons analogues, et on en citerait beaucoup d'exemples; mais ce qui vient d'être expliqué, suffit quand à présent.

II. Une amélioration de toute espèce de mécanique connue, par le moyen de laquelle cette mécanique fonctionne d'une manière plus avantageuse qu'antérieurement.

A ce sujet, je ne saurais fournir un meilleur exemple que l'amélioration apportée aux machines à vapeur, par Watt. La plupart de mes lecteurs savent qu'auparavant, ces machines travaillaient par la pression de l'atmosphère qui faisait entrer le piston dans un vide partiel produit par un jet d'eau froide tombant sur le cylindre moteur, ce qui non seulement condensait la vapeur mais refroidissait le cylindre même. La grande amélioration de Watt, consista à faire du condensateur un vase séparé du cylindre à vapeur : par cet arrangement tout simple, la machine à vapeur devint d'une si haute importance, qu'elle valut à M. Watt et à M. Bolton, son associé, une fortune considérable, quoiqu'ils eussent plusieurs procès à intenter pour se garantir des contrefaçons. Ils gagnèrent leur cause, et la patente leur fut maintenue pendant toute sa durée. Elle est la première qui ait été déclarée valable pour une simple addition à une ancienne machine, ce qui a été renouvelé postérieurement, et appliqué à plusieurs patentes qui se trouvaient dans un cas semblable; en effet, les améliorations produites par des additions à des mécaniques anciennes, sont maintenant regardées comme une partie très-considérable des inventions qui perfectionnent constamment notre industrie.

III. L'objet produit par des moyens et procédés chimiques ou mécaniques, toutes les fois qu'il est vendable, d'où résulte une fabrication nouvelle, par exemple les feutres pour couvrir le fond des navires,

— pour faire des chapeaux, — de la toile à voile, — les tissus rendus élastiques par l'introduction de fils de caoutchouc (gomme élastique), — les tissus constitués imperméables par l'intromission d'une légère couche de caoutchouc entre deux surfaces de drap, — et bien d'autres.

IV. L'amélioration d'un ancien produit, par quelque nouveau travail : le mode de cette amélioration, dans beaucoup de cas, devient le sujet d'une patente, sous le rapport chimique ou mécanique. On pourrait à cet égard obtenir bien des patentes ; mais je me bornerai à mentionner celle délivrée à M. Hall, pour passer le tulle à travers la flamme du gaz, afin de brûler légèrement les fibres qui s'en détachent, et de donner au tulle une plus belle et plus régulière apparence. L'opération est facilitée en y appliquant un courant d'air artificiel au moyen de tuyaux placés au-dessus de la flamme, et par lesquels elle est forcée de passer entre les mailles du tulle. Dans un procès intenté pour contrefaçon, la patente fut maintenue.

V. L'application d'une substance ou d'une matière connue à un nouvel emploi, quand il faut de l'art pour l'y adapter, est encore patentable.

Une patente fut obtenue, sous le nom de Forsyst, pour une méthode de décharger les armes à feu, laquelle consistait à y appliquer des poudres détonantes ou fulminantes servant d'amorce. Le breveté décrivit amplement, dans sa spécification, la nature de ces substances, ainsi que plusieurs platines qui enflammaient, par un coup soudain, les poudres détonantes. Il expliqua qu'il ne s'attribuait nullement l'invention d'aucune de ces poudres ou matières employées comme amorce, et il ajouta : « Mon invention se borne à leur usage dans le ser- « vice de l'artillerie et dans celui des armes à feu, « comme je l'ai dit ci-dessus. » Plusieurs armuriers s'imaginèrent qu'en changeant seulement la platine, et en y en substituant une d'une construction autre que celle décrite dans la spécification, ils pourraient employer les poudres détonantes pour l'amorce, ces poudres étant bien connues avant la date de la patente; mais dans les actions que le breveté intenta à ces contrefacteurs, le droit de l'usage exclusif et de l'application des poudres détonantes comme amorce, fut reconnu à son profit, quelle que fût la construction de la platine qui les enflammait. Là-dessus, il est bon de remarquer que beaucoup de personnes ont supposé qu'en déclarant seulement que leur invention est l'application d'une substance particulière à un but nouveau et utile (sans entrer dans tous les détails qui font connaître comment la chose s'effectue), elles sont autorisées à soutenir la validité d'une patente. C'est une fausseté. Il est absolument nécessaire de déployer de l'art, de révéler un moyen d'industrie nouveau, en l'adaptant à un but, dans la nouvelle application d'une matière connue à la production d'un effet nouveau et avantageux : autrement, la patente ne peut être valable. Supposons que Forsyst eût seulement déclaré dans sa spécification, qu'il s'attribuait l'application comme amorce pour les armes à feu, de certaines poudres fulminantes connues, sans entrer dans les détails qui expliquent comment cela s'opère, il n'y a pas le moindre doute que la validité de la patente n'aurait pu être défendue.

Il faudrait en dire autant de l'emploi du charbon animal dans le raffinage du sucre, à supposer que ce fût actuellement une nouvelle invention. La déclaration pure et simple de ce fait, ne suffirait pas; il serait encore indispensable d'indiquer clairement la manière de conduire l'opération, quoique l'attribution que l'inventeur se serait faite de la découverte, pût bien reposer sur l'application au raffinage du sucre, de la matière connue sous le nom de charbon animal.

Si l'on examine attentivement les cinq propositions qui viennent d'être posées, on restera convaincu qu'elles embrassent toutes les descriptions d'inventions qui sont susceptibles de concourir à l'avancement des arts industriels; et que pour produire une découverte qui rentre dans l'une des mêmes propositions, *ce doit être le résultat de l'art*, et, par conséquent une *fabrication* analogue à celles que le statut de Jacques Ier a eu en vue.

CHAPITRE TROISIÈME.

Sur une application nouvelle de principes connus, à des opérations mécaniques et manufacturières.

La découverte de l'existence d'un principe abstrait, a été mentionnée dans le chapitre précédent, comme n'étant pas, seule et isolée, un sujet convenable de patente. Je me propose à présent de donner quelques exemples de combinaison de principes avec des instruments connus ou des machines également connues, par le concours desquels ont été formées d'autres combinaisons nouvelles et utiles qui sont devenues de véritables sujets de patentes dont la validité a été maintenue dans les cours de justice. Par ce moyen, on tirera une ligne de démarcation exacte entre la découverte d'une des lois de la nature, et celle de son application à quelque but nouveau et avantageux.

Il ne sera pas hors de propos de remarquer ici que, suivant nos meilleurs écrivains, « tout homme « est propriétaire du fruit de son travail; et que, « quelle que soit l'étendue de l'amélioration qu'il a « introduite, par son industrie, dans un ouvrage « quelconque, cette amélioration lui appartient. » C'est jusqu'à ce point que la législation des patentes protége les nouvelles inventions. Les intelligences les plus communes comprendront facilement qu'un individu qui ne fait que découvrir la manière dont agit un principe ou une loi de la nature, n'augmente point la valeur du principe. Ainsi, quand Galilée reconnut que l'atmosphère avait du poids, et que c'était par sa pression que les fluides étaient forcés de s'élever dans les pompes en faisant remonter le piston, et non, comme on le supposait auparavant, que leur ascension était le résultat de la succion, il n'imprima aucunement par là une valeur additionnelle à la loi de nature; il distingua seulement le mode exact de l'action. S'il fût allé plus loin en inventant le baromètre (1), une telle application au-

(1) Par suite de la conception de Galilée sur l'ascension de l'eau dans une pompe en faisant remonter le piston, Toricelli s'avisa, en 1643, de remplir de mercure un tube de verre cacheté et fermé hermétiquement à l'un de ses bouts, l'autre restant ouvert et plongé dans un bassin de mercure stagnant.

rait pu être le sujet d'une patente, à supposer que cette invention eût été faite à une époque où les lois, pour encourager les inventions, auraient été semblables à celle de ce pays; et c'eût été une bonne spécification, si l'inventeur avait décrit en premier lieu le tube renversé et vide qui devait être rempli de mercure, et la cuvette du mercure stagnant : il aurait pu alors réclamer l'application de la loi connue de la pression de l'atmosphère qui fait remonter le mercure, indiquant par là la force de sa pression, et se trouvant à portée en même temps de mesurer la hauteur des montagnes, les variations du temps, en un mot d'employer l'instrument à tout usage auquel il pût s'appliquer. L'invention de cet instrument prouve une combinaison formée par l'esprit de l'homme, d'une loi de la nature (la pression de l'atmosphère), tant avec des instruments connus (le tube et la cuvette) qu'avec un fluide également bien connu (le mercure). Une telle invention est évidemment très-distincte d'un principe abstrait qui est l'ouvrage du Créateur de toutes choses.

La vapeur est assujétie à trois lois naturelles,

Jugeant que, dans le premier cas, l'eau était soutenue dans la pompe par la pression de l'air sur l'eau du vase où l'extrémité ouverte avait été plongée, et que c'était la mesure de cette pression, il en conclut que le mercure devait être également soutenu par ce moyen dans le tube, et à une hauteur qui serait aussi la mesure de la pression de l'air, ou environ treize fois moins que l'eau. Les résultats de l'expérience confirmèrent pleinement sa conclusion ; car il observa que le mercure descendait dans le tube, et se fixait enfin à une hauteur perpendiculaire de 29 $\frac{1}{2}$ pouces romains, soit que le tube fût vertical, soit qu'il fût incliné, selon les lois connues de la pression hydrostatique.

ou principes : 1° sa force élastique; 2° la propriété de s'étendre ou de se restreindre dans son volume, lorsqu'elle est en contact avec des corps qui possèdent plus ou moins de calorique qu'elle n'en contient elle-même; 3° sa force expansive, par l'effet de laquelle elle continue de se resserrer, pourvu qu'une plus grande force ne lui résiste pas. Ces lois ou principes sont dans la nature; et quoiqu'elles soient longtemps restées sans être toutes connues parfaitement, la simple découverte de ces propriétés inhérentes à la vapeur, n'eût pas été une invention proprement dite, parce qu'il n'y aurait point eu d'application à l'industrie, ni de fabrication nouvelle. Mais si l'inventeur avait fait un pas de plus, en employant la vapeur pour presser sur la surface de l'eau contenue dans un vase, ayant un tuyeau ascendant, et s'il avait ainsi construit une machine propre à élever l'eau (1), le résultat eût été le sujet d'une patente valable, et son auteur aurait réclamé à bon droit le privilège exclusif d'appliquer la vapeur de cette manière. Ou un autre individu aurait pu se servir de celle des propriétés de la vapeur, par laquelle son volume se restreint lorsqu'on en fait sortir la chaleur, et ainsi il n'y aurait eu dans le vase que de l'eau pressée par l'atmosphère. Telles furent, en effet, les premières applications de la vapeur, ces deux propriétés ayant été employées conjointement par Savery (2). Cette dernière combinaison des deux propriétés, aurait formé un bon

(1) Invention du marquis de Worcester.

(2) Thomas Savery obtint une patente, en juillet 1698. C'est la première qui ait été enregistrée pour une machine à vapeur.

sujet de patente, pourvu qu'il n'en eût existé ni pour l'un ni pour l'autre des deux appareils déjà mentionnés : c'est par de telles gradations que l'on parvient définitivement à la perfection, et toute valeur additionnelle donnée à une chose, devient la propriété de celui qui l'a produite. Le second pas vers l'amélioration, fut l'usage du piston dans le cylindre à vapeur, joint à la pression de l'atmosphère. Vint ensuite Watt, qui employa la pression élastique de la vapeur, conjointement avec la propriété de sa condensation : il fut suivi de Woolf qui l'appliqua expansivement, à haute pression; et toutes ces inventions constituaient des sujets convenables pour obtenir des droits de patente, comme étant des combinaisons et applications nouvelles de principes connus. Ajoutez qu'on a pris un nombre très-considérable de patentes, pour améliorations dans les différentes parties de la machine à vapeur. L'on voit, ainsi, que bien que la découverte de quelques unes des lois naturelles de la vapeur, ne put être le sujet des droits que confèrent les patentes, les différentes applications de ces lois, sous des points de vue mécaniques, ont été l'ouvrage de l'homme, et par conséquent des inventions telles qu'elles méritaient d'être protégées, et d'appartenir respectivement aux personnes qui ont appliqué les principes à divers usages, d'une manière pratique, par de nouvelles combinaisons.

On savait depuis longtemps que le point d'ébullition des fluides dépend de la force de la pression à laquelle ils sont soumis au moment où ils ont reçu une chaleur suffisante. Ainsi, le point d'ébullition de l'eau, sous la pression habituelle de l'atmosphère, est de 212° (1); mais si la chaleur est appliquée à une eau placée beaucoup au-dessus du niveau ordinaire de la terre, c'est à-dire sur une haute montagne, le liquide bouillira à plusieurs degrés au-dessus de 212, proportionnellement à la hauteur. La découverte de cette loi ou de ce principe, quoiqu'elle ne fût pas un sujet convenable de patente, devint, après avoir été appliquée utilement, une invention très-précieuse. On prit une patente pour faire évaporer dans le vide, les sirops destinés au raffinage du sucre. Par l'application de ce principe connu en physique, il s'ensuivit une amélioration considérable dans cette branche de notre industrie, sous le rapport du bas degré de température auquel les parties aqueuses s'évaporent, et parce qu'on n'est pas exposé aux effets des hautes températures qui étaient autrefois si funestes dans le raffinage du sucre.

Les principes du levier, ou ses lois naturelles, sont connus depuis très-longtemps; mais s'il n'en était pas ainsi, et si le mode précis de son action n'était découvert pour la première fois qu'en ce moment, il est évident que cette découverte n'en augmenterait pas les précieuses propriétés, et qu'elle ne serait, par conséquent, dans aucun cas, un sujet convenable de patente. D'un autre côté cependant, toutes les nouvelles combinaisons pour lesquelles

(1) Le point d'ébullition de l'eau est ici indiqué au thermomètre de Farenheit, dont se servent les Anglais. Les 212° de ce thermomètre correspondent à 80° de celui de Réaumur, qui est très-en usage en France, et à 100° du thermomètre centigrade généralement adopté par les savants. (*Note de l'éditeur.*)

ces principes pourraient faire servir le lévier d'une manière plus générale et plus utile, deviendraient incontestablement l'objet de priviléges exclusifs, telles que, par exemple, des grues, des virevaux, des cabestans, ou comme dans une invention récente, une nouvelle combinaison de léviers pour le siége et le dossier d'une chaise, combinaison qui fournit un poids s'ajustant de lui-même. Je pourrais parcourir, de cette manière, toutes les découvertes des lois connues du balancier, de la gravitation et de tous leurs principes naturels, et je démontrerais qu'il serait impossible que ces principes et ces lois devinssent des sujets de patente, en supposant qu'on ne découvrît qu'à présent le mode exact de leur action.

Actuellement je vais citer un autre exemple plus rapproché de nos jours.

M. Faraday a découvert que le gaz acide carbonique, quand il est sous la pression de plusieurs atmosphères, passe de l'état aëriforme à l'état liquide. C'est, dans la circonstance donnée, un principe inhérent à cette matière. Le chevalier H. Davy en ayant eu avis, découvrit un autre principe dans le même gaz réduit à l'état de fluidité. Il trouva que la chaleur y étant introduite, agit promptement, ce qui produit une grande force expansive, et chasse bientôt cette chaleur, quand elle est mise en contact avec des substances froides : cela lui donna lieu de pressentir que, dans un temps peu éloigné, le fluide pourrait être employé comme moteur pour faire travailler des mécaniques. Il y a donc ici deux principes qui existent dans une matière, et découverts par deux personnes. Supposé que l'une et l'autre eussent pris des lettres-patentes pour leurs découvertes respectives, on n'aurait obtenu jusque là que des vérités abstraites. M. Brunel inventa une mécanique qui devait agir par la force expansive du gaz acide carbonique condensé, en appliquant alternativement, par un appareil particulier, la chaleur et le froid sur ce fluide, et réunissant de la sorte les deux principes découverts par Davy et Faraday. Or, j'admets, par supposition, que cette mécanique ait été perfectionnée, et qu'elle soit devenue d'une utilité générale en remplaçant la machine à vapeur, parce qu'elle occuperait moins d'espace, et qu'on y trouverait encore d'autres avantages. Quelle serait la position du dernier? Avant d'aller plus loin, il devrait satisfaire les deux brevetés antérieurs; autrement, il serait exposé à une injonction de la part de la cour de la chancellerie, accordée à la requête de l'un ou de l'autre, ou peut-être des deux patentés qui avaient découvert les deux principes naturels de la matière employée dans sa machine. On peut demander ici, quel est l'homme qui se hasarderait à faire les plus grands efforts pour produire une nouvelle mécanique, en se livrant à des inquiétudes multipliées et à beaucoup de frais, et plus particulièrement à ceux de l'indemnité qui serait due à d'autres pour droits de patente, avant même de pouvoir réaliser son invention, et en cas qu'il ne s'arrangeât pas avec eux, ne courrait-il pas des chances de procès? Je suis loin, d'ailleurs, de ne pas sentir et apprécier les talents des deux personnes par qui les deux principes ont été découverts; si j'ai le plus grand respect pour l'une et l'autre, j'estime néanmoins que leurs découvertes ne sont pas de nature à leur assurer des droits sur toutes les applications pratiques que l'on pourrait faire de ces principes : cela conduirait à des difficultés infinies, et retarderait la rapidité de la marche du perfectionnement qui est marqué au sceau de la législation actuelle.

Ceux qui s'adonnent à la recherche des lois de la nature, malgré le succès qu'ils obtiennent à les établir et à les fixer, réussissent rarement à en faire une application pratique aux usages de l'homme. Ils laissent ce soin à des talents d'un autre ordre. On citerait certains exemples du contraire; mais on peut dire qu'ils forment une exception plutôt qu'une règle générale.

J'ai cru devoir m'étendre sur cette partie de mon sujet, aimant mieux paraître prolixe aux yeux de quelques lecteurs, que de laisser ignorer aux personnes intéressées à être instruites, l'opinion des juges qui ont constamment déclaré qu'aucune patente ne peut être soutenue pour un principe purement abstrait. Finissons ce chapitre en rapportant les paroles d'un écrivain justement célèbre, qui a tracé bien clairement la ligne de démarcation entre la découverte d'une des lois de la nature, et celle d'une invention. « Nous ne recommandons pas, « dit-il, l'homme qui scrute et définit les lois de la « nature, au lieu de s'occuper de la matière. A la « vérité il ne donne à la matière aucune de ses pro- « priétés, mais il en arrange et dispose les parties, « et, par cet arrangement seul, il imprime sur son « ouvrage les marques incontestables de ses des- « seins. Ce n'est pas qu'il ait communiqué quelque « pouvoir à la matière; seulement il a tiré un bon

« parti de ses propriétés, et il en a déduit un ré-
« sultat évident et avantageux. »

CHAPITRE QUATRIÈME.

Du Caveat.

Il n'y a peut-être aucune partie de la législation des patentes, qui ait été moins comprise que celle qui a rapport au caveat; je vais, dans ce chapitre, fournir des détails clairs et précis sur ce qui en forme l'objet, et sur les avantages que l'on peut en retirer.

Un caveat (1) est une pièce déposée dans les bureaux compétents, par laquelle celui qui veut prendre une patente, demande à être averti si une autre patente vient à être sollicitée pour une invention semblable à la sienne. Je suppose que A ait inventé quelque chose qui a rapport à une branche de fabrication particulière, par exemple quelqu'amélioration dans la mécanique servant à filer le coton. Avant de prendre sa patente, il doit désirer que la mécanique de son invention soit construite pour la mettre à l'épreuve de l'expérience pratique; et en cas que cela ne réussisse pas, il peut s'éviter les frais d'une patente. En faisant exécuter l'objet de son invention, il faut qu'il se confie à des ouvriers, et afin d'empêcher qu'on abuse de sa confiance, il dépose un caveat contre toutes les demandes que

(1) La durée d'un caveat est d'un an; il peut être renouvelé d'année en année.

l'on pourrait faire pour des perfectionnements apportés à la filature du coton. Si quelqu'un demande au bureau dépositaire du caveat, la patente d'une invention relative à cette filature, A en est informé immédiatement, et il est tenu de déclarer, dans l'espace de sept jours, s'il estime que l'invention de B ressemble à la sienne. Lorsqu'il juge, en effet, que les deux inventions ont de la ressemblance, il répond qu'il s'oppose à la demande.

L'opposition ayant été ainsi formée, la délivrance de la patente est suspendue, et A s'adresse à l'*atorney* (procureur) général, ou au solliciteur général, pour qu'il somme les deux parties à comparaître devant lui, à un jour indiqué. A explique d'abord son invention, puis B en fait autant. Chacun d'eux est séparément entendu, et le magistrat a soin qu'aucune des parties ne connaisse la nature de l'invention de l'autre.

L'*atorney* ou le solliciteur général ayant par là pleine connaissance des deux inventions, décide si elles sont les mêmes, ou si elles sont dissemblables. Dans le cas où elles ne se ressemblent pas, chaque partie peut obtenir une patente séparée; mais si l'invention est la même, alors on ne peut accorder de patente, à moins que A et B ne la prennent conjointement. Voilà tout le but et l'effet d'un caveat, et il est essentiel de prévenir les inventeurs qu'ils ne doivent pas s'imaginer que cette pièce a plus de force qu'elle n'en a réellement.

Un caveat n'autorise pas un inventeur à employer publiquement ni à vendre son invention, et il faut tenir pour certain que si A prend un caveat, et que B emploie l'invention publiquement après que le caveat a été déposé, A ne peut pas empêcher B ni toute autre personne de fabriquer ou de vendre l'objet de l'invention ; et, en outre, au cas que A ait pris une patente, après que B a employé publiquement l'invention, quoique l'invention ait été communiquée par A à B, cette patente est nulle. On voit donc qu'il faut bien se donner garde de confier aux ouvriers la nature d'une nouvelle invention. Le meilleur moyen est d'employer plus d'une personne, quand la structure de la mécanique permet d'en faire exécuter les parties séparément. Il est nécessaire toutefois que le public comprenne bien que le fait de A et de ses ouvriers qui exécutent l'invention et la mettent en mouvement uniquement pour en faire l'essai, ne détruit pas la validité de la patente, pourvu qu'elle n'ait pas été autrement rendue publique. Ainsi, comme il est arrivé dernièrement dans un procès de patente, plusieurs témoins déposèrent avoir vu l'invention dans l'atelier de l'ouvrier du demandeur, quelques mois avant que la patente ne fût revêtue du sceau ; la chose ne fut pas regardée comme une publication de nature à faire tort à la validité de la patente.

Des personnes qui ne connaissent pas la pratique ni les développements de cette partie de la marche à suivre pour l'obtention d'une patente, ont pensé que le caveat est inutile ; et que celui qui en est pourvu, en expliquant une invention différente de celle qu'il désire de s'assurer, pourrait en surprendre la connaissance à un opposant qui en serait le véritable inventeur. Pour empêcher que pareille chose n'arrive, la partie opposante n'a qu'à jeter quelques doutes raisonnables dans l'esprit du solliciteur général, en insistant sur ce qui la porte à élever des soupçons; alors le solliciteur général fera mettre le scellé sur les dessins et la description qui sont produits, et il forcera le demandeur à se borner à l'invention qui lui est représentée. Telle est l'attention de ces magistrats qu'il n'est presque pas possible qu'un individu fasse un faux pas sans que cela ne tourne à son préjudice. Souvent on suit l'usage de conserver les documents fournis par le demandeur. Ainsi, l'on tient complétement en échec les personnes mal intentionnées; et il convient de remarquer ici, que tels sont les soins et la régularité que l'on apporte en ces occasions, que les plus vieux praticiens peuvent à peine se rappeler un exemple du succès d'une démarche répréhensible, ou d'un préjudice provenant de l'observation des règles dont dépend l'effet d'un caveat, malgré les efforts de certaines gens qui, pour parvenir à leur but secret, font à dessein une fausse démarche.

Les caveat s'enregistrent dans le bureau de l'avocat général, et à celui des patentes, Lincoln's jnn, et il est du devoir de ces bureaux de donner avis à toutes les personnes qui en sont pourvues, aussitôt qu'ils reçoivent les demandes de patente, qui y sont renvoyées pour des sujets semblables à ceux des caveat, par le ministre secrétaire-d'Etat de l'intérieur. Ce sont des avertissements au *premier degré* de l'obtention des patentes; et, en cas d'opposition, la partie opposante est tenue de consigner immédiatement le montant des frais qu'entraîne l'audience de l'avocat général (1).

(1) C'est une règle récemment adoptée, qui a mis fin à tou

On peut aussi prendre des caveat à d'autres degrés, contre la délivrance d'une patente; mais ces caveat sont spéciaux, attendu qu'on les prend contre une patente particulière, le nom de celui qui la sollicite étant désigné par sa demande, et le caveat ne s'étendant à aucune autre patente pour le même sujet, mais se restreignant à celle indiquée d'une manière spéciale.

Le *second degré* où la délivrance d'une patente peut éprouver de l'opposition, est sur ce qu'on appelle le *bill* qui se prépare au bureau des patentes. S'il y est mis opposition alors, ce doit être par un caveat spécial, indicatif du nom du demandeur de la patente, ainsi que de l'objet de l'invention. — Quand on s'oppose à une patente après qu'elle a passé le rapport, il est d'usage de faire supporter à l'opposant tous les frais de l'audience qui a lieu par-devant l'avocat général, et afin que le paiement en soit assuré, on exige préalablement le dépôt d'une somme de trente livres sterling, au bureau des patentes : elle est destinée d'abord aux frais de l'audience où comparaissent les deux parties. Dans le cas où les inventions sont déclarées semblables, le reste de la somme sert à acquitter les dépens extraordinaires qu'a encourus le de-

tes les oppositions vexatoires qu'on formait auparavant dans le seul but d'occasionner des retards. Il en est résulté de grands avantages. Autrefois, une patente pouvait être retardée d'une semaine ou d'un plus long terme, sans que la partie opposante comparût. On supposait toujours que l'avocat général avait le pouvoir de forcer cette partie à payer les frais, et il manquait des moyens de l'y contraindre, qui n'avaient pas encore été mis à sa disposition.

mandeur de patente, par suite de l'opposition qui a eu lieu après que le rapport en a été fait. S'il y a dissemblance entre les inventions, les frais de l'audience sont acquittés, et le reste de la somme est rendu à l'opposant.

Le *dernier degré* où l'on peut s'opposer à la délivrance d'une patente, est au grand sceau. Il n'y a pas d'exemple, à ce que je crois, que le lord chancelier ait refusé de passer une patente au grand sceau, quand on l'en a prié. Les frais qu'entraîne une opposition par-devant lui, dépendent de sa décision ; mais dans la plupart des cas les plus récents, ces frais sont retombés sur l'opposant. Car le principe ordinairement suivi, est que le demandeur de patente ne doit pas être mis dans la position de continuer ses débours, et de se voir arrêté ensuite au dernier degré, et que le temps opportun de s'opposer à une patente est devant l'avocat général, quand la patente est au rapport, ou sur le *bill*.

CHAPITRE CINQUIÈME.

Des soins qu'exige l'obtention d'une patente pour invention.

Outre les statuts qui régissent les patentes, il y a certaines règles posées par les cours de justice, qui demandent la plus grande attention pour rendre la patente valide. Entre autres soins à y apporter, la première chose à rechercher par l'inventeur, c'est le titre ou l'indication générale qu'il doit donner à son invention, lorsqu'il adresse une requête à Sa

Majesté. J'ai déjà fait sentir la nécessité qu'il y a d'être prudent pour empêcher l'invention de devenir publique, avant la date où le sceau est apposé à la patente.

Un inventeur qui a bien médité son invention, dans le but de s'assurer qu'elle vaut la peine d'être protégée par une patente, adresse une requête à Sa Majesté (1), où il expose qu'il a fait une invention dont il désigne l'objet en termes généraux, et qu'il supplie qu'on lui en accorde l'usage, bénéfice et avantage exclusifs, ainsi qu'à ses exécuteurs, administrateurs et ayant droit, pendant quatorze ans, suivant le statut. La requête est appuyée par une déclaration dans laquelle le titre de l'invention se trouve désigné, et où le suppliant exprime solennellement qu'il en est, à sa connaissance, et selon sa croyance, le premier et véritable inventeur, ou qu'il tient cette invention de l'étranger, et qu'elle n'a jamais été pratiquée dans ce pays (2). L'exactitude du titre est si essentielle, que plusieurs patentes ont été annulées pour en avoir porté un qui

(1) Quant à la forme de la requête, et aux déclarations et pièces nécessaires dans la marche à suivre pour l'obtention d'une patente, voir l'appendice.

(2) Il y a des patentes séparées pour l'Angleterre, l'Ecosse et l'Irlande, et elles sont, sous tous les rapports, distinctes les unes des autres. Une patente est valable en Angleterre, en Ecosse ou en Irlande, quand même l'invention aurait été pratiquée dans l'un des trois royaumes avant la date des lettres-patentes, pourvu qu'on ne puisse pas démontrer qu'elle avait été rendue publique dans celui pour lequel la patente aurait été accordée. Les lois des trois pays sont les mêmes, et les décisions portées dans un pays, sont admises par les cours de justice des autres; mais il n'y a pas de statuts en Irlande.

n'était pas parfaitement exact. Il s'ensuit donc que l'inventeur doit bien se pénétrer du sens que ce mot comporte.

Cette partie de mon sujet, quoique paraissant très-simple, est néanmoins, lorsqu'on la considère avec un peu d'attention, extrêmement difficile. Le titre devrait être une sorte de description succincte de l'invention, énoncée de manière que le public pût en reconnaître facilement l'objet. Ainsi, si l'on annonce des améliorations dans les tiroirs ou glissoirs des machines à vapeur, tout individu nanti d'un caveat relatif à ces machines, aura intérêt à comprendre qu'on se propose de perfectionner une partie bien connue de la machine à vapeur; mais que l'on considère un instant que si, sous ce titre, un inventeur voulait s'attribuer des améliorations dans une autre partie de la même machine, indépendamment de celle des tiroirs ou glissoirs, ce serait évidemment un désaccord marqué entre le titre et la spécification, et la patente ne serait pas valable. Plusieurs personnes remarqueront sans doute que c'est une faute trop palpable, pour qu'elle puisse se rencontrer dans la pratique ; cependant je démontrerai plus loin que, bien qu'il n'y ait pas d'exemple de ce cas, il y en a eu d'autres d'une évidence non moins caractérisée, et dans lesquels les patentes ont été déclarées nulles. J'en parlerai bientôt plus longuement, mon but étant d'abord d'attirer l'attention sur cette partie si importante de la législation des patentes, afin de faire sentir plus vivement aux inventeurs la nécessité des réflexions et des soins qu'il faut apporter à tout ce qui se rattache à leur requête, sans jamais perdre de vue que la couronne n'accorde la patente qu'à condition que la nouvelle découverte sera exposée clairement et avec précision. En appliquant un titre à l'invention, on doit en déterminer très-exactement la nature, l'étendue et les points où elle se renferme, soit qu'il s'agisse d'une fabrication qui n'aurait pas encore été pratiquée, ou du perfectionnement d'une fabrication connue, ou d'une nouvelle combinaison d'anciennes parties mécaniques pour fabriquer, avec plus d'avantages qu'auparavant, des produits connus, tant par l'amélioration de leurs qualités que par la diminution des frais si les qualités restent égales, ou d'un procédé nouveau ou perfectionné de travail qui influe avantageusement sur le matériel dont on se sert; soit que l'invention consiste dans le perfectionnement d'une mécanique ou machine connue, à l'aide duquel la machine ou mécanique opère mieux qu'elle ne faisait, ou donne lieu à des effets utiles qui n'avaient pas encore été obtenus. C'est ce qu'il est nécessaire de bien expliquer dès le principe, parce que chaque perfectionnement, si on s'attache à le bien pratiquer, peut devenir le sujet d'une patente valable.

Afin de faire mieux comprendre ce que doit être le titre d'une invention, il faut citer deux exemples de patentes qui ont été annulées, pour avoir reçu des titres qui n'y convenaient pas; par là, je montrerai les écueils sur lesquels d'autres se sont brisés, et j'établirai une sorte de boussole qui guidera le public.

Une patente avait pour titre *Méthode perfectionnée d'éclairer les cités, les villes et les villages:* sa spécification décrivait comme nouveau mode de cet éclairage, une lampe perfectionnée. La patente fut annulée, à cause de son titre qui ne s'accordait pas avec ce que contenait la spécification. D'abord la lampe y était présentée comme susceptible d'application aux phares qui servent à éclairer les hâvres, les côtes, etc., ce qui allait au-delà de l'étendue du titre qui désignait simplement les cités, les villes et villages. L'annulation eût été bien rigoureuse, s'il n'y avait eu rien autre à opposer à la validité de la patente; mais elle était, en outre, attaquée par une objection beaucoup plus forte, car il était évident qu'elle ne renfermait point de *méthode perfectionnée d'éclairer les villages et les villes*. Si le titre avait donc été *Lampe perfectionnée* ou *améliorations dans la construction des lampes*, il n'y a pas de doute que la patente eût été maintenue, et qu'elle eût été d'un grand prix pour son possesseur, et l'un ou l'autre de ces titres l'aurait protégé dans toutes les applications de son invention.—Il est bon de faire considérer plus attentivement, ce même titre qui annonçait *une méthode perfectionnée d'éclairage*, etc. Un fabricant de lampes reçoit un avertissement sur le caveat qu'il avait pris, et nous supposons que c'était pour la même invention que celle indiquée dans la demande de la patente; son caveat n'étant relatif qu'à un perfectionnement dans les lampes ordinaires, il dirait naturellement : cette demande d'une patente n'a aucun rapport avec celle que j'ai l'intention de faire; je n'ai pas conçu l'idée d'une méthode perfectionnée d'éclairage, mais seulement un perfectionnement dans la construction des lampes usuelles. On laisserait donc la demande de la patente continuer sa marche, et elle serait accordée au préjudice des parties qui auraient obtenu des caveat. Ainsi, il y aurait des résultats fâcheux, si on admettait des titres déguisés. La loi répute que tout déguisement et toute fausse application soit dans le titre, soit dans la description de l'invention, est une fraude envers la couronne dont l'intention, en accordant la patente, est que le public puisse en jouir, à l'expiration de sa durée. Le public doit aussi être protégé contre les personnes qui prendraient des patentes ayant l'air d'être applicables à tel ou tel objet déterminé, tandis que dans la spécification il s'agirait d'autre chose. S'il en était ainsi, il n'y aurait point de protection en faveur de ceux qui voudraient exploiter des inventions analogues. Effectivement, si des titres déguisés ou vagues étaient reçus, des inventeurs s'occupant de découvertes semblables, et ayant le droit d'être avertis (1), seraient induits en erreur et laisseraient passer des patentes sans opposition, ne s'imaginant pas qu'il s'agit d'une invention qui empiéterait sur la leur. Par conséquent, si on tolérait trop de latitude dans les titres des inventions, cela engendrerait constamment des injustices.

Dans une patente accordée pour *une méthode nouvelle et perfectionnée de faire sécher et de préparer le malt* (2), l'invention consistait, suivant la

(1) Toute personne prenant un caveat pour une invention quelconque, reçoit un avertissement lorsqu'un autre individu forme la demande d'une patente relative à une invention analogue à celle indiquée dans le caveat.

(2) Substances préparées pour la fabrication de la bière. (*Note de l'editeur.*)

spécification, à soumettre le malt à un fort degré de température, ce qui fournissait une matière propre à donner de la couleur à la bière, etc. Il n'y avait point d'indication de nouveau moyen de sécher le malt; mais on pourrait en obtenir la dessication, par toute autre méthode connue, et employée à faire le malt : il n'y avait d'autre différence que celle de l'exposer à une très-haute température, le rendant ainsi applicable, comme matière colorante, non à fabriquer la bière, mais à la colorer. Cette patente fut aussi déclarée nulle, par défaut d'accord entre la spécification et le titre, l'invention n'étant pas réellement l'objet qu'on appelle malt, et étant destinée seulement à faire sortir du malt une matière colorante, et c'était à raison de ce procédé et de cette application, que la patente aurait dû être prise; il fallait donc la demander pour *une matière colorante perfectionnée propre à colorer la bière et d'autres liquides*. Nul doute que, sous ce titre, la patente eût été reconnue valable. Les conséquences qui résultaient du premier titre, s'il eût été regardé comme suffisant à couvrir et à défendre l'invention, deviennent manifestes lorsqu'on demande ce qui serait arrivé, si un caveat avait été pris antérieurement « pour des perfectionnements dans « les matières servant à la coloration de la bière « et d'autres liquides? » On n'aurait donné aucun avertissement. Mais en supposant que l'individu investi du caveat, eût par hasard été averti, aurait-il pu imaginer qu'une matière colorante perfectionnée se cachait sous ces mots « méthode « nouvelle et perfectionnée de faire sécher et de

« préparer le malt? » La loi ne s'adresse qu'au sens commun, lorsqu'elle dispose sur de tels sujets. Or la signification de ce titre est qu'il y a un nouveau moyen de faire sécher la matière qu'on appelle malt, et le résultat qui devait en provenir était du malt, et non une nouvelle substance obtenue par l'ancien procédé de fabrication du malt.

Il y a beaucoup d'exemples de ce genre, mais les précédents suffisent; et il a été clairement démontré aux yeux des juges qu'en voulant, par le titre ou par la spécification, réclamer plus que ne comporte réellement l'invention du breveté, on fait le plus grand tort à sa patente : c'est aussi ce qui arrive quand le titre et la description contenue dans la spécification, ne sont pas concordants.

Le titre doit donc être une description abrégée de l'invention, telle que le public puisse en connaître l'objet; et la spécification doit décrire le mode de réaliser l'invention, et faire distinguer très-clairement ce qui est nouveau et réclamé par le breveté, de ce qui a été employé auparavant. Le titre ne doit donc être ni plus étendu ni plus restreint que l'invention; il doit être conçu et énoncé de manière à donner une notion générale de l'invention, et la spécification doit le définir et l'expliquer.

CHAPITRE SIXIÈME.

De la spécification ou description de l'invention.

Ayant rendu compte, dans les chapitres précédents, des moyens à employer pour obtenir des patentes, et ayant insisté plus particulièrement sur les soins à prendre afin qu'un titre convenable soit donné à l'invention, le point suivant qui importe le plus au breveté, est la condition énoncée dans la patente, qui exige qu'une spécification soit postérieurement enregistrée, développant pleinement la nature de l'invention, et la manière de la produire. On a déjà remarqué que le titre doit énoncer, en termes généraux, la nature de l'invention; d'un autre côté, la spécification ne doit pas seulement décrire complétement la nature de l'invention, mais elle doit encore définir avec une précision rigoureuse, ce qui est à assurer par la patente. Une spécification mal faite entraînera des oppositions, tandis qu'une description claire, précise et bien arrêtée, sera le meilleur préservatif contre les troubles qu'on apporterait à la jouissance exclusive du porteur de brevet.

En rédigeant la spécification ou description d'une invention, il y a trois choses à considérer :

1° La spécification doit être si claire, qu'un ouvrier ou toute personne compétente puisse exécuter l'invention, en se conformant à la description et à la manière que la spécification indique;

2° L'invention réclamée comme nouvelle, ne

sera ni plus étendue ni plus restreinte qu'elle n'est énoncée par le titre de la patente;

3° L'invention réclamée, doit être nouvelle et utile; elle doit être la conception du breveté, ou il doit déclarer qu'il en est le premier importateur (1). Ce que l'on entend par les termes d'invention nouvelle et utile, c'est qu'il y ait deux points ou un plus grand nombre réclamés comme nouveaux dans la spécification; car si tous étaient anciens, et ne produisant pas le résultat avantageux décrit dans la spécification, la patente ne vaudrait rien, suivant la loi.

Tout annonce que, comme on fait tant de perfectionnements dans les arts et les manufactures, on éprouvera plus tard beaucoup de difficultés à distinguer ce qu'il y aura de nouveau dans quelques fabrications; néanmoins il restera toujours évident qu'alors qu'on obtient un résultat avantageux, et qu'on introduit dans le pays une fabrication de meilleure qualité, ou moins coûteuse, il doit y avoir quelque point de nouveauté, et ce point de nouveauté est le plus souvent le sujet d'une patente. Si la spécification décrit bien clairement les moyens de produire le résultat avantageux, et si elle ne réclame que le point de nouveauté qui est la cause du perfectionnement de la fabrication, ou de la réduction du prix, une telle patente sera indubitablement valable. Je peux en donner un exemple.

Une patente avait été accordée « pour certains

(1) Il y a eu des patentes accordées à l'exécuteur testamentaire de l'inventeur.

« perfectionnements applicables à l'évaporation « du sirop destiné à la fabrication du sucre, les« quels pouvaient également s'appliquer à d'au« tres objets. » L'invention consistait en un appareil introduisant un courant d'air dans les fluides qu'il fallait évaporer; l'air, en pénétrant le fluide (qui était tenu en état de chaleur), enlevait toute la partie aqueuse, et concentrait la matière qui s'y trouvait renfermée. La spécification indiquait et décrivait une suite de petits tubes qui descendaient presque jusqu'au fond de la chaudière, et étaient en rapport avec des tuyaux principaux placés au-dessus du fluide à évaporer. Les petits tubes descendants étaient nombreux, et établis à des distances égales, sur la surface du fond de la chaudière. Ainsi, il y avait une égale distribution de courants d'air qui parcouraient tout le fluide, et enlevaient la partie aqueuse, à une température beaucoup plus basse qu'il ne la faut pour faire bouillir et évaporer à la manière ordinaire. Dans le procès qu'intenta le breveté contre une autre personne, pour contravention, il fut prouvé en cour de justice, que le moyen d'introduire l'air dans les fluides à l'effet d'en faciliter l'évaporation, n'était pas nouveau, et qu'on l'avait employé en 1754, une publication de quelques expériences faites à ce sujet, ayant paru alors dans les *Transactions de la société royale*. En outre, une patente avait été obtenue en 1822 (quelques années avant celle du demandeur), et où le principe était développé, comme étant surtout applicable au sucre. Suivant les deux patentes, les moyens employés étaient les mêmes, et consistaient en un tuyau percé en rond et placé dans le bas de la chaudière (1). Par une suite d'expériences plusieurs fois répétées, on découvrit que l'air ne passait que par quelques-uns des premiers trous d'un tuyau creusé en rond, et qu'on ne pouvait pas obtenir une distribution égale ; c'est ce qui empêchait le tuyau creusé en rond de produire l'effet désiré, et le rendait tout à-fait inefficace. Le titulaire de la dernière invention décrivit pleinement, au contraire, et réclama distinctement le privilége d'un appareil particulier, composé de tubes descendant des tuyaux principaux, placés au-dessus de la surface du fluide, moyens par lesquels il obtenait une égale distribution de l'air. Le juge, lord Tenterden, qui présidait l'audience, dit en donnant son opinion, que bien que le principe de l'invention (celui de faire pénétrer l'air dans les fluides afin d'en faciliter l'évaporation) ne fût pas nouveau par lui-même, ni dans son application, cependant comme on ne pouvait pas appuyer la défense d'une patente seulement sur un principe, il y avait lieu conséquemment d'accorder des patentes pour un nombre indéfini de moyens servant à réaliser le principe connu, tant que cha-

(1) Cette patente, prise en 1822, devait être nulle selon la loi, à cause de la publication des expériences de Halle. Elle n'attaquait donc pas la seconde patente. Si cependant il n'y avait pas eu de publication antérieure, et si la patente prise en 1822 avait été la première application du principe d'introduire des courants d'air dans les fluides pour en faciliter l'évaporation, dans ce cas, en admettant que l'appareil eût été utile, la seconde patente devenait une contravention, quoique les moyens qui y étaient décrits fussent plus efficaces.

cun de ces moyens offrirait une différence essentielle et distincte avec les autres. Dans un nouveau procès de la même nature, les juges suivirent cette décision, et la patente fut reconnue bonne. Or, si le breveté avait réclamé généralement l'introduction des courants d'air dans les fluides, et qu'il n'eût pas borné sa réclamation au moyen particulier ou à l'appareil decrit dans sa spécification, la patente aurait été mauvaise. On en tirera cette conclusion que le grand but des brevetés est de rédiger leurs spécifications de manière à s'attribuer tous les moyens d'obtenir un résultat certain, afin d'exclure tous les perfectionnements futurs que pourraient faire d'autres personnes. Ainsi, des patentes s'affaiblissent en réclamant trop, et sont par conséquent déclarées nulles. Ce mode de réclamation est fondé quand il y a certitude que le principe n'a pas encore été appliqué à la même chose; mais lorsqu'on sait qu'il a déjà été employé, la seule porte qui reste ouverte à la demande d'une patente nouvelle, en supposant que la première soit expirée, c'est une meilleure combinaison de moyens mécaniques pour produire un résultat plus utile. Le principal soin d'un breveté, doit être de décrire si complétement les moyens qu'il a reconnus certains, qu'un ouvrier puisse exécuter l'invention en se conformant à sa description; mais il ne doit réclamer que les moyens ou les parties qui sont de son invention, laissant aux inventions futures qui pourront produire le même résultat, à être jugées, quand elles paraîtront, sur la question de savoir si elles sont ou ne sont pas une contravention à la patente primitive? S'il est prouvé qu'elles diffèrent essentiellement dans les moyens, quoique le principe soit le même, et quoique ce principe ait été connu et appliqué auparavant, ce ne serait pas une contravention, encore que le breveté originaire eût réclamé tous les moyens de produire le résultat. Si, au contraire, le dernier moyen d'obtenir l'effet désiré, était reconnu n'être pas un changement essentiel, mais une variation, ce serait une contravention à la patente, quoique le breveté n'eût réclamé que les moyens particuliers que sa spécification contenait. Dans l'exemple qui vient d'être cité, la contravention résultait d'un appareil n'ayant qu'un tuyau principal destiné à l'introduction de l'air dans les tubes descendants, tandis que le breveté mentionné en dernier lieu, avait décrit et montré par des dessins trois tuyaux principaux. C'était une variation, et non une invention nouvelle : toutes les parties essentielles de la première patente étaient conservées, de manière qu'il n'y avait pas de changement majeur; réellement, c'était le même appareil, et c'est ainsi qu'il fut considéré par la cour de justice.

Il avait été accordé une patente pour un appareil à mesurer le gaz, par la révolution d'une roue particulière plongée en partie dans l'eau : les rais y formaient les chambres à mesurer le gaz, lequel était introduit par l'axe. Après que la spécification eut été fournie, une autre personne construisit un appareil semblable, ne changeant que le moyen d'introduire le gaz dans les chambres, et simplifiant par-là le premier appareil. Le breveté originaire jugea alors convenable d'employer le moyen récemment découvert pour l'introduction du gaz. Dans un procès en contrefaçon qu'intenta le second patenté, l'emploi que le premier avait fait du perfectionnement découvert par une autre personne, fut mis en avant contre la validité de la patente; mais il fut prouvé que le perfectionnement ne pouvait exister sans l'invention originelle, et par ce motif la patente fut déclarée bonne.

De cette décision il y a lieu de conclure que, lorsqu'on fait un perfectionnement à une patente après l'enregistrement de sa spécification, il appartient au breveté, s'il n'est pas susceptible d'être employé séparément, et, pour le rendre utile, il faut le réunir à l'invention patentée. C'est simplement faire justice au premier inventeur; car, tout le monde sentira que peu d'inventions parviennent rapidement à un tel degré de perfection qu'il ne puisse y être apporté quelques améliorations nouvelles : il serait trop rigoureux que celui qui n'a fait qu'une amélioration, eût le droit de s'emparer d'une invention patentée, sans l'existence antérieure de laquelle l'idée de cette amélioration ne lui serait pas venue.

Une autre erreur dans laquelle les inventeurs tombent très-souvent, c'est qu'en indiquant les matières dont se composent certaines parties de leurs mécaniques ou appareils, ils emploient les mots suivants ou d'autres qui expriment le même sens : « ou autres matières semblables; » et c'est après en avoir désigné une qu'ils ont reconnue propre à la destination qu'elle est appelée à remplir.

Dans une patente accordée pour faire sécher le papier, en le passant sur des rouleaux échauffés par la vapeur, le breveté avait décrit sa machine qui consistait essentiellement en cylindres ou rouleaux chauffés entre lesquels passe le papier humide. La machine comportait une fabrication de papier sans fin, le mouvement des rouleaux échauffés pouvant être indéfini; et la spécification du breveté, après avoir décrit ce qui constituait la nature des agents matériels de la fabrication et leur mode d'opérer, ajoutait qu'il était possible d'employer à leur confection tous autres matériaux propres et convenables. Il fut prouvé en cour de justice qu'aucune matière différente ne répondait au but. Aussi, le juge déclara la spécification défectueuse, parce qu'elle tendait à induire le public en erreur; car toute description de fabrication, autre que celle qui avait été représentée, gâtait le papier en le faisant monter en spirale. Il est bon de savoir que les matières appliquées à la fabrication décrite dans la spécification, ne formaient aucunement partie de ce qu'avait réclamé l'inventeur. C'est pourquoi, s'il se fût borné à en fournir la description qu'il jugeait convenable, la patente n'aurait pas succombé sous ce rapport; si, en même temps, d'autres fabrications avaient répondu au but, personne n'aurait pu les employer dans les autres parties essentielles de l'invention qui était un arrangement ou combinaison de matières connues à l'effet de produire un résultat tel qu'il avait été décrit, les matières elles-mêmes n'étant pas réclamées par l'inventeur puisqu'elles étaient anciennes.

Il serait difficile de fixer la mesure d'une invention, ou l'étendue qu'elle peut avoir pour garantir la patente. On peut dire, toutefois, sans craindre de faire erreur, que la faible importance de l'invention n'est pas à opposer à la patente, pourvu que l'invention soit nouvelle et utile. Dans la patente de Lewis et Davis, ci-devant mentionnée pour tondre le drap, on réclamait trois modes de perfectionnement, dont l'un ainsi exprimé « le « moyen décrit de tondre le drap de lisière en « lisière par un tranchant rotatoire, » faisait pleinement connaître, par la spécification, une machine à cet effet. Il fut prouvé qu'un tranchant rotatoire avait servi dans les mécaniques à tondre le drap *sur sa longueur*, parce que les demandeurs avaient déjà pris une patente qui contenait une semblable machine (1) : il fut également prouvé par les défendeurs, qu'avant la date de la patente, le modèle d'une mécanique à tondre le drap de lisière en lisière par un tranchant rotatoire, avait été apporté d'Amérique et montré à plusieurs fabricants qui avaient aussi commencé à en construire une pareille, mais elle avait été détruite par les luddites (2). Enfin, il fut constaté que le moyen de tondre le drap de lisière en lisière, soit à la main, soit par divers tranchants,

(1) Quand on a pris une seconde patente pour un perfectionnement apporté à la première, comme il est arrivé dans le cas ci-dessus, la première patente et sa spécification doivent être mentionnées dans la cause, quoiqu'il n'y ait contrefaçon qu'à la seconde.

(2) Ceux qui, à une certaine époque, brisaient les métiers dans les fabriques de la Grande-Bretagne. (*Note de l'éditeur.*)

était bieu connu. Lord Tenterden, qui remplis-plissait les fonctions de grand juge, dit : « Il pa-« raît qu'un tranchant rotatoire pour tondre le « drap, d'un bout à l'autre, n'était pas ignoré, et « que le mode de couper de lisière en lisière avec « de grands ciseaux était également connu. Ce-« pendant si, avant la patente des demandeurs, « le mode de couper de lisière en lisière, et ce « par le moyen d'un tranchant rotatoire, n'avait « pas été combiné, je suis d'avis que l'invention « actuelle est de nature à les autoriser à défendre « le procès qu'on leur intente. » Un nouveau procès ayant eu lieu, il fut soutenu que la nouveauté de l'invention était proprement le sujet de la décision d'un jury, et que ce n'était pas de la sorte que sa seigneurie avait établi la question. Le lord Tenterden s'en expliqua en ces termes : « J'ai dit « au jury que l'on pouvait démontrer que les « demandeurs avaient vu le modèle ou la spéci-« fication, cela pouvait répondre à la réclamation « de l'invention ; mais il n'y avait aucune preuve « de ce genre, et je me suis référé au jury pour « déclarer si la chose avait été employée et prati-« quée publiquement avant la patente. Sa décla-« ration a été négative ; et je pense qu'il n'y a « aucun motif de la faire changer. » M. le juge Bailey fut du même avis que le lord Tenterden, et il y ajouta cette observation : « Si je découvre « une certaine chose pour mon usage, de ce « qu'une autre personne a fait la même décou-« verte, ce n'est pas matière à objection contre « mon droit à une patente, pourvu que je sois « le premier à mettre publiquement la chose en

« pratique (1). » Il y eut un autre point de grande importance, qui fut décidé dans cette affaire. Les brevetés exposèrent qu'un des perfectionnements « était l'application d'une substance convenable « fixée à un cylindre pour brosser la surface du « drap à tondre. » La spécification décrivit la méthode de faire cette opération. Il arriva que cette partie de l'invention devint inutile ultérieurement, et fut abandonnée. On soutint que cet abandon ne nuisait pas à la patente, les inventeurs ayant cru que le perfectionnement pouvait être utile à l'époque où ils obtinrent le privilége. Ce cas appuya fortement celui de la patente de Dollond, où l'invention avait été faite et mise en usage secrètement par une autre personne longtemps avant la patente. On ne pouvait prouver qu'elle eût été alors employée publiquement : la patente fut donc déclarée valable.

Il convient de faire remarquer ici que si, en se présentant en cour, l'on avait vu que, dans la patente de Lewis et Davis, les brevetés avaient omis d'indiquer avec précision ce qu'ils s'attribuaient, savoir le *privilège de tondre le drap de lisière en lisière par des tranchants rotatoires*, le juge n'aurait

(1) Dès que le sceau est apposé à une patente, l'invention est considérée comme étant en usage public, même avant l'enregistrement de la spécification. C'est ce qu'il importe de savoir, attendu que beaucoup de personnes qui avaient pris des patentes, s'étaient imaginé qu'en étant les premières à faire enregistrer leurs spécifications, leurs inventions obtiendraient par-là une publication antérieure. Il y a eu erreur de leur part : c'est la priorité de la date de la patente elle-même, qui est à considérer ; la priorité de la date de la spécification ne signifie rien.

pas pu connaître la mesure de l'invention dont on voulait s'assurer, et la patente n'aurait pu se soutenir; mais les brevetés ayant borné leurs réclamations de nouveauté, à celle qu'il était démontré n'avoir pas été employée publiquement, la patente fut maintenue.

Une patente avait été prise pour une mécanique propre à faire du tulle-bobin, ou dentelle à fils de coton retors. Dans la spécification, le breveté avait complétement décrit la mécanique, sans indication de ce qui pouvait être regardé comme nouveau, et était rélamé par la patente. Le juge (1) s'adressant au jury : « Si vous pensez, dit-il, que « Brown (le breveté) a inventé une combinaison « entièrement nouvelle de toutes les parties de sa « mécanique, quoique, prises séparément, elles « aient pu être auparavant employées, sa spéci« fication serait bonne; mais si vous êtes d'avis « que la combinaison d'un certain nombre de ces « parties a, jusqu'à un certain point, existé anté« rieurement, et que Brown a tiré son invention « de ce point-là en y ajoutant seulement des com« binaisons nouvelles, alors sa spécification qui « annonce que le tout appartient à son invention « est mauvaise. » Le lord Eldon, dans un autre cas, a expliqué la législation en termes semblables. « Il peut y avoir, dit-il, une patente valide « pour une nouvelle combinaison de matières déjà « employées au même usage, ou pour une nou« velle méthode d'appliquer ces matières; mais la « spécification n'a d'efficacité, qu'autant qu'elle

(1) Gibbs, lord grand-juge.

« exprime clairement que l'invention se rapporte « à cette nouvelle combinaison ou à cette applica« tion nouvelle, et à rien autre. »

Il avait été pris une patente, au nom de Minter, pour un perfectionnement dans la construction ou la fabrication des chaises. Le breveté avait d'abord décrit, d'une manière générale, son invention; il expliquait ensuite la nature et l'usage de chacune des parties d'une chaise connue, et il terminait la spécification par les mots suivants : « Ce que je « réclame comme mon invention, c'est l'applica« tion d'un levier qui s'ajuste de lui-même au « dossier et au siége d'une chaise, et au moyen « duquel le poids sur le siége agit comme contre« poids à la pression contre le dossier. » Le breveté ayant obtenu une sentence dans un procès en contrefaçon, on voulut la faire casser. Il fut allégué par M. Godson, en faveur des défendeurs, qu'ils ne disposaient pas les diverses parties de la chaise, de la manière décrite dans la spécification. Le lord principal, baron Lyndhurst, demanda si ce n'était pas un échappatoire spécieux? Sa seigneurie fit observer que toute application du principe d'un levier s'ajustant de lui-même au dossier et au siége d'une chaîse, y produisant un effet tel que l'un agit comme contrepoids à l'autre, contreviendrait à la patente, et en serait une contrefaçon réelle et véritable.

M. Godson. « Oui, Milord, et c'est pourquoi « toute application d'un levier au dossier d'une « chaise, serait une contrefaçon. »

Le lord principal. « Non. C'est un levier s'ajus« tant de lui-même. »

M. Godson. « Il a demandé par la spécification, « le privilége pour quatorze ans, d'un levier s'a- « daptant au dossier des chaises. »

Le lord principal. « Ce n'est pas seulement un « levier, mais un levier s'ajustant de lui-même; « et ce n'est pas seulement le levier qui s'ajuste « de lui-même, mais c'est un levier dont la dis- « position produit un effet spécial, au moyen du- « quel le poids sur le siége contrebalance la pres- « sion qui porte sur le dossier. »

Leurs Seigneuries rejetèrent la défense, et la patente fut maintenue.

D'après ce qui a été dit sur le sens assigné à diverses patentes, on peut se former une idée assez juste de ce que devrait être le style à employer pour s'attribuer toute espèce d'inventions. Il est vrai qu'il y a et qu'il se rencontre souvent des cas de la plus grande difficulté, aujourd'hui qu'on a fait d'immenses progrès dans toutes les branches de notre industrie, et cependant on obtient quelquefois, par un faible perfectionnement, des résultats considérables; ce perfectionnement, d'une simplicité extrême, peut à peine être présenté comme ayant droit à une patente, excepté par ceux qui se sont occupés constamment et ont fait leur étude particulière des dessins accompagnant les spécifications.

En l'état de la législation des patentes, elles sont accordées aux risques et périls des impétrants, que leurs inventions soient ou ne soient pas utiles au public : on leur confère des droits exclusifs pour toutes les nouvelles inventions qu'ils ont faites, ou qu'ils ont tirées de l'étranger et introduites les premiers dans ce pays, à condition qu'elles soient décrites de manière à ce que chacun puisse, à la vue des spécifications, les établir et employer après le laps de quatorze ans; et ces patentes s'obtiennent de droit, s'il n'y a pas d'opposition par des caveat.

Tout ce qui peut contribuer à rendre une patente valide, tombe à la charge du breveté. Après ce qui a été dit sur la clarté qu'il est nécessaire de donner à la description de l'invention, il est presque inutile d'énoncer que d'en retenir ou d'en cacher une partie essentielle, serait une réticence funeste à la validité de la patente.

Le temps accordé pour fournir la spécification de l'invention, est de deux, quatre ou six mois, ce qui dépend de l'avocat-général. Si la patente ne comprend que l'Angleterre, il accorde deux mois; mais si on déclare l'intention de prendre aussi patente en Ecosse, il en accorde quatre, et si c'est en Ecosse et en Irlande, on obtient six mois pour produire la spécification de l'invention, à dater du jour où le sceau a été apposé à la patente.

Ayant toute sécurité sur son privilége, depuis le jour où il lui a été délivré, le breveté peut l'exercer et le vendre avant l'enregistrement de la spécification. Ce qui fait accorder tant de temps au dépôt de la spécification, c'est afin que le breveté ait toute latitude d'essayer son invention, et de faire une description exacte et complète.

Relativement à la patente de l'appareil à mesurer le gaz, qui est mentionnée ci-devant, on objecta contre sa validité que l'inventeur, après que la patente eut été revêtue du sceau et avant l'enregistrement de la spécification, avait changé la disposition et l'arrangement des parties de son invention; il avait en conséquence inséré les changements dans la spécification, comme faisant partie du privilége qui lui était assuré par la patente. Lord Tenterden dit à ce sujet: « La question « est réellement de savoir si une patente est nulle « quand l'inventeur ayant conçu, lors de la de- « mande qu'il fit d'une patente, une invention « capable de produire l'effet qu'il annonça comme « susceptible d'être produit, mais ayant rendu « cette invention plus parfaite pendant le temps « que lui laissait la patente pour en fournir la « spécification, il introduit, dans cette spécifica- « tion, des parties mécaniques d'une espèce dif- « férente de celles qu'il avait imaginées d'abord? « Elle n'a encore été décidée en aucun cas, et « j'estime qu'il serait dangereux d'établir une « doctrine qui porterait à la résoudre négative- « ment. Je ne vois pas pourquoi on accorde le « temps de préparer une spécification, si ce n'est « dans l'idée que l'inventeur n'avait pas, lors de « l'obtention de sa patente, amené son invention « au degré de perfection auquel il est censé « pouvoir atteindre, et c'est par cette considéra- « tion qu'on lui accorde plus de temps pour le « faire. Si, dans l'intervalle, l'invention est ter- « minée de manière à approcher du parfait ac- « complissement de l'objet qu'il avait d'abord en « vue, pourquoi serait-ce un moyen d'attaque « contre la patente? »

Il a été aussi décidé qu'un inventeur peut réclamer pour compléter son invention, l'aide d'hommes versés dans les sciences.

Les spécifications une fois enregistrées, sont livrées à la connaissance du public (1), et on peut en prendre des copies. Le meilleur moyen de s'assurer si une patente a été délivrée, c'est d'examiner les registres que l'on tient au bureau des patentes (2), ce qui s'obtient gratuitement. C'est là également que l'on peut vérifier la date de la concession, et on s'épargne ainsi de la peine et des dépenses, attendu qu'une certaine somme est exigée dans les bureaux de l'enregistrement, pour y examiner les livres, quand même la spécification ne se trouverait pas dans celui des bureaux où l'on fait la recherche.

CHAPITRE SEPTIÈME.

De l'acte pour amender la législation concernant les lettres-patentes d'invention (3).

Ayant traité, dans les parties précédentes de cet ouvrage, de la législation des patentes d'invention, selon le sens qu'on a donné au statut de Jacques Ier, il convient maintenant que j'en parle

(1) Les frais à payer pour l'examen d'une spécification, au bureau de l'enregistrement, dans Chancery Lane, sont un schelling, et dans les autres bureaux, trois schellings et six pences.

(2) 4, Old Square, Lincoln's jnn.

(3) 5 et 6 Guillaume IV, C. 83.

d'après les modifications qu'y a apportées l'acte de lord Brougham.

Antérieurement à l'adoption de son bill, la spécification devait rester à jamais dans la forme précise où elle avait été enregistrée d'abord. S'il y avait quelque défectuosité qui fît tort à la validité de la patente, il fallait la juger en cet état (1). Dans le cas de contrefaçon, le breveté ne pouvait, avec une telle pièce, poursuivre d'une manière sûre les contrefacteurs, et lorsqu'il les actionnait, les objections élevées contre la spécification, prévalaient contre la validité de la patente. Si nous examinons les divers procès de ce genre qui ont eu lieu, nous trouvons que dans le plus grand nombre des affaires où les brevetés ne sont pas parvenus à se conserver un droit absolu sur leurs inventions, il faut en attribuer la cause à ce qu'ils réclamaient plus que ce qui était nouveau à l'époque où leurs patentes avaient été scellées. Toutefois on reconnaît par ces exemples, que peu de brevetés ont beaucoup souffert des rigueurs de l'ancienne législation qui déclarait que la totalité d'une patente devenait nulle, si une partie était défectueuse.

Il est très-nécessaire que pour la protection et la défense des droits du public, un breveté se restreigne dans sa spécification, à ne s'attribuer et à n'assurer à lui seul, que ce que sa patente contient de nouveau. Qu'il perde, d'un autre côté, toutes les parties de son invention, parce qu'il y

(1) Les erreurs des commis pouvaient être corrigées, mais avec l'approbation du chef de l'enregistrement.

en aurait quelques-unes qui empiètent, et parfois d'une manière très-faible, sur le domaine de l'industrie générale, c'était une sévérité de la législation, qui devait être adoucie, et qui l'a été en effet; aujourd'hui il peut, pendant la durée de sa patente, renoncer à quelques parties de l'invention désignée dans sa spécification. Remarquons que cette faculté comprend les patentes qui étaient revêtues du grand sceau avant le dernier bill, aussi bien que celles qui ne l'ont reçu qu'après.

En donnant ainsi une sécurité plus grande à la propriété que les patentes constituent, on n'a pas oublié les droits du public. L'autorisation de modifier le titre de l'invention, ou la spécification elle-même, ne s'accorde que sur l'approbation des hommes de loi de la couronne, et avant qu'il ne soit fait aucun changement, ni aucune renonciation. Voici les termes du bill : « Tout individu « qui, comme breveté, ou ayant droit ou autre- « ment, a obtenu ou obtiendra des lettres-pa- « tentes pour jouir du droit exclusif de créer, « d'exercer, de vendre ou d'employer toute in- « vention, peut, s'il le juge convenable, déclarer « par écrit au bureau des patentes d'Angleterre, « d'Ecosse ou d'Irlande respectivement suivant « l'exigence des cas, et après avoir obtenu d'abord « la permission de l'avocat ou de l'*atorney* géné- « ral si la patente est anglaise, du lord avocat « ou de l'*atorney* général d'Ecosse si elle est écos- « saise, de l'avocat ou de l'*atorney* général d'Ir- « lande si elle est irlandaise, qu'il renonce à une « partie quelconque soit du titre, soit de la spé- « cification de l'invention, en exprimant les mo-

« tifs qui le portent à en abandonner telle ou « telle partie; ou bien, cet individu peut, avec « la permission sus mentionnée, faire insérer dans « ledit titre ou dans ladite spécification, un me- « morandum de tout changement à y introduire, « pourvu néanmoins que la renonciation ou le « changement ne soit pas de nature à étendre « le droit exclusif accordé par les lettres-pa- « tentes; et après l'enregistrement, au bureau « des patentes, de la renonciation ou du memo- « randum, le contenu de ces pièces sera considéré, « dans toutes les cours quelconques, comme fai- « sant partie des lettres-patentes originales. »

Cette clause du nouveau bill sera sans doute bien précieuse pour les brevetés ou les possesseurs de brevets. Elle leur fournit le moyen de retrancher de l'invention, toute partie qui a été reconnue mauvaise, en point de droit, par suite d'un défaut de nouveauté, et qui autrement invaliderait, d'une manière fatale, la patente elle-même.

D'après ce qu'on a fait pour rectifier les spécifications et les titres des inventions patentées, sous les conditions auxquelles en est subordonnée la rectification, on peut affirmer que le consentement des hommes de loi de la couronne (1) y sera accordé indubitablement, à moins qu'il ne paraisse y avoir eu fraude de la part du breveté, s'il a fait enregistrer une spécification qui n'expli-

(1) Pour les éclaircissements à donner à l'*atorney* ou à l'avocat-général, et pour faire enregistrer soit une renonciation à des parties des pièces originales, soit des changements qu'on voudrait y apporter, voir l'appendice.

querait pas son invention d'une manière assez détaillée, ou s'il n'y a pas désigné clairement ce qu'il considérait comme nouveau ; d'où il suit qu'un breveté doit mettre le plus grand soin à l'énonciation du titre de son invention, et à la rédaction de sa spécification : autrement la demande en rectification ne serait pas accueillie, et la patente resterait soumise à la même sévérité d'interprétation qu'autrefois, et le breveté ou ses ayant-droit ne réussiraient pas à poursuivre les contrefacteurs. Outre la nécessité d'obtenir l'approbation de l'*atorney* ou de l'avocat-général pour la rectification d'une patente, la première disposition du nouveau bill comprend la faculté de se pourvoir de caveat contre les renonciations et les changements, et les individus qui les prennent peuvent être entendus en opposition. Ainsi, voilà un motif de plus qui empêchera le breveté de faire enregistrer une spécification où il donnerait trop d'étendue à son invention, uniquement dans le but de pouvoir la rectifier en tout temps, ce qui sans doute aurait eu lieu fréquemment si le législateur n'y avait mis bon ordre, comme on le voit par la première clause du bill.

La seconde clause attribue à la couronne, le pouvoir de confirmer une patente ou de l'accorder de nouveau, dans le cas où l'on viendrait à découvrir que l'invention avait été un peu mise en usage ; elle est conçue dans les termes suivants : « Si, dans un procès quelconque, il est prouvé « ou démontré spécialement par la déclaration « d'un jury, que la personne qui a obtenu des « lettres-patentes pour une invention véritable,

« ou pour une invention supposée, n'en était pas
« le premier inventeur, ou n'était pas le premier
« auteur de cette invention, parce qu'une autre
« personne ou d'autres personnes l'auraient au-
« paravant découverte ou employée, soit en to-
« talité, soit en partie, avant la date desdites lettres-
« patentes ; ou si le breveté ou ses ayant-droit dé-
« couvrent qu'à leur insu, quelqu'autre per-
« sonne avait, antérieurement à la date des
« susdites lettres, inventé ou employé le même
« procédé ou une partie d'icelui, il sera permis
« et loisible audit breveté ou à ses ayant-droit
« d'avoir recours à Sa Majesté en conseil, à l'effet
« d'obtenir la confirmation desdites lettres-pa-
« tentes, ou qu'il en soit concédé de nouvelles :
« l'objet de cette requête sera débattu devant le
« comité judiciaire du conseil privé; et ce comité,
« après examen, et après avoir acquis la certitude
« que le breveté croyait être le premier et pri-
« mitif inventeur, et que l'invention, ou partie
« d'icelle n'avait pas été employée publiquement
« et généralement avant la date desdites pre-
« mières lettres-patentes, pourra faire un rapport
« à Sa Majesté, où il exposera que son avis est
« que la demande mérite d'être accueillie : Sa
« Majesté y aura égard, si elle le juge conve-
« nable; et lesdites lettres-patentes conféreront
« au demandeur, en droit et en équité, le privi-
« lége exclusif d'employer, pratiquer et vendre
« ladite invention, nonobstant toutes oppositions,
« lois, usages et coutumes quelconques, à con-
« dition que si on s'oppose à la demande, les op-
« posants seront entendus devant le comité judi-

« ciaire ; et à condition aussi que toute personne « intéressée à un procès antérieur concernant « lesdites lettres-patentes, devra recevoir un « avis de la demande avant qu'elle ne soit pré- « sentée (1). »

Cette disposition du bill y a été insérée évidemment à cause de divers cas qui étaient antérieurement survenus, comme dans l'affaire d'Arkwrigt, pour la filature du coton, où la patente fut déclarée nulle, par rapport à quelques-unes des parties mécaniques décrites dans la spécification, auxquelles il n'avait pas renoncé, et que le procès fit connaître avoir été employées précédemment. Il y avait également le cas de la patente de J. C. Daniells, relative à des moyens d'apprêter et de finir les tissus de laine. Du procès qu'elle produisit, résulta la preuve qu'on avait fait un léger usage de ce procédé, et que l'emploi en avait été abandonné postérieurement. En ces deux cas, les inventions étaient très-avantageuses au public, parce que les inventeurs les avaient portées à une haute perfection. En les rappelant, il doit être admis que si ces patentes furent déclarées nulles, leur annulation n'était que l'expression de la vérité ; mais il y a des exemples où l'on a plus que suspecté le parjure. Il était à désirer que, pour ces cas, la couronne eût le pouvoir que lui défère le nouveau bill, attendu qu'il n'est pas à craindre que le public soit lésé par l'avis que le conseil privé donne d'accorder de nouvelles lettres-pa-

(1) Voir l'appendice en ce qui concerne les règles de pratique à suivre devant le comité judiciaire du conseil privé.

tentes, avis qui n'est dicté que par les considérations d'équité les plus puissantes en faveur du breveté ou de ses ayant-droit.

Par la quatrième disposition du bill, la couronne a le droit d'ajouter, sur l'avis du comité judiciaire du conseil privé, une durée de sept ans au terme de quatorze, pour lequel les patentes se délivrent en premier lieu. Cette extension peut aujourd'hui être obtenue par le breveté ou ses ayant-droit, sans subir les frais d'un acte du parlement, qui était précédemment sollicité en justifiant qu'une jouissance de quatorze années, ne constituait pas une récompense proportionnée à l'avantage que le public retirerait des améliorations introduites par une invention.

Dans cette clause du nouveau bill, comme dans les autres, on trouve toutes les précautions nécessaires pour que le conseil privé ne propose pas des concessions abusives.

Le bill contient d'autres dispositions bien avantageuses aux possesseurs de brevets, et dont le mérite sera apprécié dans le chapitre qui expliquera les procédures à suivre en ce qui concerne les patentes. La dernière sur laquelle il faut ici diriger l'attention publique, est celle dont le but est de faire connaître qu'on ne peut impunément se servir de certains termes qui donneraient à entendre qu'on a le titre de quelque invention patentée, tandis qu'on ne l'a pas réellement. Ainsi, l'on voit que le législateur, en modifiant la législation des patentes d'invention, a eu soin d'assurer au breveté toute la protection possible, en même temps qu'il a garanti le public contre les torts qu'il pourrait éprouver de la part d'un breveté prétendant jouir d'un privilége auquel il n'aurait pas droit strictement; et l'on peut présager avec confiance, que si le breveté a décrit dans sa spécification une invention effectivement nouvelle et utile, quoiqu'il ait eu le malheur de s'attribuer plus que ce qui était utile et nouveau, il doit, étant bien conseillé, pouvoir conserver le droit plein et exclusif à la partie de l'invention qui est à lui incontestablement. Il paraît même presque impossible de détruire une patente qui contient une invention nouvelle.

CHAPITRE HUITIÈME.

Des conditions et clauses contenues dans les lettres-patentes.

Ayant exposé les moyens à employer pour obtenir un brevet d'invention, et ayant insisté sur les soins à prendre afin que le titre de l'invention soit bien désigné, et sa spécification rédigée d'une manière exacte, il me faut actuellement indiquer les conditions et clauses exprimées dans les lettres-patentes, attendu qu'elles se rattachent à la législation d'après laquelle ces concessions sont jugées. La formule du contexte de la patente étant placée dans l'appendice, il n'est pas nécessaire de la répéter ici. J'invite seulement le lecteur à y avoir recours, en suivant l'ordre des numéros dont les clauses sont marquées, afin de pouvoir se reporter immédiatement à chaque clause particulière.

(N° 1.) La première partie de la patente contient le précis de la demande qui en a été faite, et établit et définit le titre donné à l'invention.

(N° 2.) La seconde a rapport à la concession de l'usage exclusif de l'invention au profit de l'inventeur, pendant la durée de quatorze ans, avec défense expresse à toute autre personne d'employer ladite invention, sans en avoir obtenu l'autorisation du breveté et par écrit; il y est également défendu de contrefaire ou d'imiter l'invention, d'y ajouter ou d'en soustraire quelque chose. Cette clause sert à diriger les juges de paix et les autres magistrats, si l'invention est exécutée au préjudice de l'inventeur.

(N° 3.) La troisième partie déclare que la patente deviendra nulle, si elle est reconnue contraire aux lois, ou préjudiciable et incommode au public en général, ou si elle n'est pas l'invention du breveté, ou s'il n'a pas été le premier à l'introduire en ce pays.

(N° 4.) La quatrième énonce que les lettres-patentes ne donnent pas au breveté le privilége d'employer des inventions pour lesquelles des patentes auraient déjà été obtenues par d'autres personnes.

(N° 5.) La cinquième est relative à une manière dont les patentes peuvent devenir nulles, quand elles sont partagées en plus de cinq actions. Il est facile de saisir les motifs des clauses déjà mentionnées, en les parcourant des yeux; mais il faut apporter la plus sérieuse attention à la clause actuelle, parce qu'il n'existe que peu de décisions qui y aient un rapport direct. Les brevetés ne sauraient donc être trop circonspects, quand ils se proposent de vendre une partie quelconque de leur privilége; si la vente en a lieu sans la plus grande précaution, elle peut rendre nulle la patente qui est déclarée telle, lorsqu'on l'a divisée en plus de cinq actions, ou lorsque plus de cinq personnes sont intéressées directement dans les profits et bénéfices qu'elle procure, ou si elle sert de gage et de nantissement à plus de cinq personnes. Cette clausé a jeté dans l'embarras beaucoup de brevetés.

Elle remonte et se trouve conforme à l'acte de George Ier, qui prohiba les sociétés par indivis, et elle était destinée à prévenir, dans l'exercice des droits attachés à une patente, les tripotages qui résulteraient de la création et de la vente d'actions transférables, car on jugera qu'un grand nombre de personnes ayant en main un monopole de ce genre, pourraient l'exploiter au préjudice du public, en lui offrant des projets séduisants pour attirer des fonds. Les termes de cette clause sont si impératifs, qu'en les prenant à la lettre, ils paraissent de nature à annuler toute patente où il y aurait plus de cinq personnes intéressées directement ou indirectement; toutefois on a généralement pensé que des licences permettant d'exercer ou de vendre une invention d'une portée quelconque, pouvaient être accordées par un breveté, pourvu qu'elles soient concédées en considération d'une somme certaine perçue en entier à l'époque de la transaction, ou exigible, pendant la durée de la concession, par annuités. Mais, suivant l'opinion de beaucoup de jurisconsultes, des licences autorisant l'exercice d'une invention, sous la réserve d'une partie du bénéfice en faveur du breveté, seraient une division des lettres-patentes, si elles dépassaient le nombre de cinq, le breveté compris; et la patente deviendrait nulle.

Il y a une autre sorte de licences que les brevetés accordent ordinairement; leur caractère est exclusif: elles sont concédées à certains industriels, avec le droit d'exercer ou d'employer l'invention. A ce sujet, l'auteur a eu recours à plusieurs hommes instruits, pour connaître leur opinion, qui s'est trouvée conforme à la sienne, savoir : que des licences qui accordent à un certain nombre d'individus la faculté d'exercer ou d'employer une invention, avec stipulation expresse que le breveté n'en concédera pas à d'autres personnes dans telles ou telles localités, ou qu'il n'y en accordera qu'à un nombre déterminé de personnes, s'engageant à n'en point concéder à d'autres, ou à ne les concéder qu'à un prix supérieur, si ces licences s'élevaient à plus de cinq, en y comprenant le breveté avec l'associé ou les associés qu'il peut avoir, elles donneraient un intérêt direct dans les lettres-patentes à chacun des permissionnaires et, par conséquent, la patente serait nulle. Ainsi, l'on voit qu'il faut être très-soigneux quand on accorde des licences ou lorsqu'on vend une partie de l'invention.

Des cours de justice ont décidé que le transport d'une patente à des syndics, en cas de faillite de son titulaire, n'empêche pas que la patente ne soit valable, parce qu'ils n'en usent qu'au bénéfice des créanciers; l'on considère, en effet, que les syndics représentent le breveté, et agissent pour payer ses dettes.

Ce qui vient d'être dit sur la vente d'actions, ou sur l'octroi de licences permettant d'exercer une invention ou de la vendre, concerne plus particulièrement les patentes qui ont été prises avant le mois de mai 1832, la disposition législative qui s'y rapportait, ayant été revue et modifiée alors. J'ai déjà fait remarquer que cette restriction avait eu pour but, conformément à l'acte qui la contient, d'empêcher les compagnies par indivis; cet acte a été rappelé par deux autres qui furent passés dans la cinquième et la sixième année du règne de feu S. M. George IV. Cependant, la question n'ayant pas été pleinement présentée devant l'avocat-général, la disposition qui la produisait, ne fut que légèrement modifiée à l'époque où furent passés les deux actes qui relataient le précédent (1). Dans toutes les patentes accordées

(1) L'auteur qui connaissait depuis longtemps les difficultés que les brevetés éprouvaient à répandre et propager une invention, à cause du nombre restreint des personnes intéressées dans les lettres-patentes, soumit cette question au chevalier T. Denman, alors avocat-général de Sa Majesté. Il fut d'avis que la restriction était préjudiciable aux inventeurs, surtout parce que d'après le contexte de la clause qui la prescrivait, certaines concessions de licences pourraient être interprétées comme donnant un droit direct aux lettres-patentes.

En conséquence, l'avocat-général exprima, par écrit, son opinion portant qu'il ne voyait point de motif de conserver la clause dans la forme qu'elle avait, et qu'il était à désirer qu'on la changeât, pour la sécurité et l'avantage du breveté, si le conseil du commerce y donnait préalablement son adhésion. L'avis fut soumis audit conseil; le lord Auckland qui le pré-

depuis le mois de mai 1832, une nouvelle clause a été insérée d'après le principe que le nombre des personnes prétendant à être associées dans l'invention, doit être restreint à douze, tandis qu'il n'y aurait pas de limites à la concession des licences qui autoriseraient un plus ou moins grand nombre de permissionnaires à exercer, employer et vendre l'invention, pourvu que le bénéfice de cette concession ne fût pas divisé entre plus de douze personnes. Par ce changement, les doutes et les difficultés qui existaient, ont disparu.

Voici ce qui a été substitué à la partie (1) n° 5.
« A condition aussi, et les présentes lettres-pa-
« tentes sont accordées à cette condition expresse,
« que, si à une époque quelconque, nos présentes
« lettres-patentes ou la liberté et les priviléges
« accordés par nous en vertu d'icelles, tombent et
« se distribuent entre les mains de plus de douze
« individus ou de leurs représentants, en qualité
« d'associés partageant ou autorisés à partager les
« bénéfices obtenus, à raison de ces mêmes lettres-
« patentes, et considérant les exécuteurs testa-
« mentaires ou administrateurs comme et pour la
« seule personne qu'ils représentent, quant à
« l'intérêt auquel ils ont eu ou auront droit en
« exécution d'un testament ou d'après une suc-
« cession délaissée ab intestat, nos présentes let-
« tres-patentes et tous les priviléges et avantages
« quelconques accordés en vertu d'icelles, cesse-

sidait, s'en occupa immédiatement, et il fut définitivement arrêté que la clause dont il s'agit, serait remplacée par une autre.

(1) Voir la formule des lettres-patentes, dans l'appendice.

« ront entièrement, seront terminés et devien-
« dront nuls, malgré tout ce qui auparavant a pu
« y être renfermé de contraire, sauf que rien de
« ce qui est ici contenu n'empêchera d'accorder
« des licences, de telle manière et par les considé-
« rations que la loi permet de les accorder. »

Le but de cette clause est de prévenir l'extension d'une compagnie, et en même temps de donner autant de facilité que possible à la vente et à la cession des licences pour des inventions utiles. C'est une faveur accordée aux brevetés, attendu qu'un inventeur peut aujourd'hui se faire aider par un certain nombre de personnes, à l'effet d'améliorer une invention compliquée et difficile, tandis que le public est à l'abri des torts que lui causeraient des projets spécieux, le breveté étant tenu à ne comprendre dans l'intérêt direct de sa patente, qu'un nombre d'individus trop peu considérable pour produire des résultats fâcheux.

(N° 6.) La clause qui suit dans la patente, a rapport à la spécification qui a déjà été expliquée.

(N° 7.) La dernière indique que l'interprétation de la patente sera faite dans le sens le plus favorable à celui qui la prend; elle déclare, en outre, que la patente sera valide, dans le cas où, par inadvertance, on aurait omis de l'enregistrer. Il est bon de remarquer que cette dernière disposition a quelquefois été entendue comme se rapportant à l'enregistrement de la spécification, ce qui est une erreur. Le devoir du commis du grand sceau, est d'enregistrer le bill du sceau privé, duquel est tirée la copie de la patente C'est pourquoi la clause est relative à ce document, et n'a point de trait à la spécification que le breveté est tenu de faire enregistrer dans le délai qui lui a été fixé antérieurement, à peine de nullité de la patente pour défaut d'enregistrement de la spécification.

CHAPITRE NEUVIÈME.

Des procédures à suivre pour la défense des lettres-patentes.

Il a déjà été remarqué qu'une spécification bien faite, est le meilleur moyen de se préserver des contrefaçons, tandis qu'étant défectueuse, elle devient un puissant attrait pour tous ceux qui ne demandent qu'à s'emparer d'une invention. Il arrive notamment qu'aussitôt qu'une invention nouvelle et utile a paru, des personnes attachées à la branche d'industrie qu'elle intéresse, font prendre des copies de la spécification, afin de consulter des hommes instruits et connaissant la législation des patentes, pour savoir si la spécification est rédigée de manière à garantir le privilége, ou s'il peut être enfreint, avec la probabilité de justifier l'infraction, dans le cas où le breveté intenterait un procès. On pourrait citer ici bien des exemples où tout un corps de métier s'est montré résolu de se servir des procédés appartenant à une patente, et n'a attendu que l'enregistrement de la spécification pour juger s'il y avait moyen d'y contrevenir impunément. Dans un cas récent, une patente avait été obtenue, et le corps de métier dont elle concernait les travaux, avait fait connaître unanimement qu'il était décidé à employer l'invention sans le consentement du breveté, à moins que celui-ci n'acceptât les conditions qui lui seraient faites pour qu'on pût travailler d'après la patente (1). Il était naturel que le breveté s'en alarmât : aussi, eut-il soin de prendre tous les avis qu'il put se procurer pour défendre son privilége. Aussitôt après l'enregistrement de la spécification, des gens du métier s'en firent délivrer un bon nombre de copies, et demandèrent conseil ; mais la spécification étant reconnue bonne, ils virent que la seule marche qu'ils avaient à suivre, était de consentir aux exigences du breveté, ou de s'abstenir de produire l'invention. C'est le sort qu'éprouveraient la plupart des patentes, si les brevetés se mettaient à couvert en ne s'attribuant que ce qu'ils ont inventé de nouveau et d'utile, et en ne se permettant point de revendications trop vagues ou incertaines par lesquelles une patente est nécessairement affaiblie.

En cas de contrefaçon, le breveté peut ou introduire une instance pour qu'il lui soit adjugé des dommages-intérêts, ou s'adresser à la cour de la chancellerie pour obtenir une injonction qui défende aux contrevenants, d'exercer, de vendre ou d'employer l'invention.

S'il intente un procès en contrefaçon, il doit justifier de la concession de sa patente et, à cet effet, la production de la pièce même, ou d'une

(1) C'est ce qui a eu lieu en France, pour le moiré métallique. (*Note de l'éditeur.*)

copie officielle, suffit. Il faut établir ensuite que la spécification a été enregistrée duement; que l'invention est nouvelle et utile; que les moyens contenus dans la spécification, y sont décrits de manière que l'invention pourrait être produite, en se conformant à la description.

M. le juge Buller, dans un procès porté à son tribunal, s'exprima ainsi : « Toutes les fois qu'un « breveté intente une action concernant sa pa- « tente, s'il existe un doute sur la nouveauté ou « sur l'effet de l'invention, il doit faire voir en « quoi elle consiste, et prouver qu'il a produit le « résultat promis par son privilége, de la manière « qui y est spécifiée. Ces justifications s'établissent « sommairement, et c'est au défendeur à attaquer « la spécification et à en détruire la force. »

Le breveté s'étant prévalu de ses moyens, le défendeur peut faire comparaître des témoins pour déposer qu'il n'a pas contrevenu à la patente : il peut encore démontrer que l'invention n'est pas nouvelle, ou que le breveté n'est pas le premier inventeur, ou le premier qui ait introduit l'invention dans ce royaume; ou que le titre de la patente, et sa spécification ne concordent pas; ou que la spécification est défectueuse, sous d'autres rapports. Si le défendeur parvient à établir un de ces moyens de défense, le breveté ne peut soutenir son action. D'un autre côté, si le défendeur est en défaut, le jury accorde au poursuivant, les dédommagements qu'il juge convenables.

Par la cinquième clause du bill de lord Brougham, une modification très-importante a été faite à la législation, en ce qui concerne le mode de procéder du défendeur. Il pouvait anciennement, dans une action intentée pour contravention à une patente, s'appuyer sur ce qu'on appelle *l'issue générale* (1) et, en niant complétement la contrefaçon, attaquer la validité de la patente, de toutes les manières dont une patente est vulnérable, et le poursuivant ne pouvait prévoir sur quels points le défendeur entendait fonder sa défense; mais le défendeur est maintenant obligé de notifier au poursuivant, l'indication des moyens de défense dont il veut se prévaloir, et on n'admet au procès aucune preuve qui ne serait pas expressément comprise dans la notification. Par là, le breveté est à même de juger quels sont les arguments dont il lui convient de faire usage pour réfuter, par anticipation, la défense.

Avant que cet acte eût été passé, le plaignant était obligé de se munir de preuves et de moyens de tout genre, sur tous les points.

Pour prévenir, autant qu'il est possible, les contrefaçons vexatoires qui ont si souvent accompagné les découvertes les plus importantes, la troisième clause du bill porte : « qu'en cas qu'une sentence « soit rendue à l'avantage du breveté ou de ses « ayant-droit, ou si un décret définitif (2) ou

(1) « Allégation qui contredit, dément et nie la déclaration « entière du plaignant, et, tout à la fois, sans offrir aucun « point, aucun fait spécial en opposition. » Telle est la définition que donne de l'*issue générale*, M. l'avocat Théodore Regnault, dans sa traduction de l'ouvrage publié en Angleterre, sur la propriété littéraire et le droit de copie, pag. 12. (*Note de l'éditeur.*)

(2) Cet acte judiciaire, M. Carpmael l'a compris, dans sa

« une ordonnance analogue, sont prononcés en « sa faveur ou en leur faveur sur le mérite de la « cause, il sera loisible au juge de qui émanera « tel décret ou telle ordonnance, de délivrer un « certificat signé de sa main, constatant que la « validité de la patente a été révoquée en doute « par-devant lui, lequel certificat étant exhibé « comme preuve dans toute action ou cause quel- « conque concernant cette patente, ledit breveté « ou ses ayant-droit recevront le triple des dé- « pens du procès. »

L'on a souvent conclu de ce qu'un breveté n'avait pas réussi à obtenir un jugement favorable dans une action en contrefaçon, que sa patente était nulle. Cependant, il n'en est pas ainsi : une patente ne devient nulle aux yeux de la loi, qu'autant qu'elle est déclarée telle par une sentence de *scire facias* (1). Par conséquent, si un breveté succombe dans une action qu'il a intentée en contrefaçon (ce qui arrive parfois, à défaut de quelque preuve particulière), il peut entreprendre d'autres procès, le manque de réussite du premier ne faisant point de tort aux autres.

Dans plusieurs cas, il vaut mieux procéder en cour de chancellerie, où se trouve une justice plus sommaire, surtout quand on désire plutôt de

traduction, sous le titre de *décret final*; et celui dont il parle immédiatement, est par lui appelé *ordre décrétal*. Notre code de procédure civile n'admettant pas des actes semblables, leurs dénominations anglaises sont ici remplacées par des expressions équivalentes qui ont à peu près la même signification. (*Note de l'éditeur.*)

(1) Revoir la note de la pag. 20.

mettre un terme aux contrefaçons, que de rechercher des dommages-intérêts. Il est bon d'expliquer ici dans les termes de lord Eldon, le principe qui dirige la cour de chancellerie, si une injonction est réclamée « Voici, dit Sa Seigneurie, les prin-
« cipes d'après lesquels agit la cour. Quand il a
« été accordé une patente, et qu'il s'en est suivi
« une possession de quelque durée, la cour inter-
« pose son injonction, sans obliger le réclamant à
« justifier d'abord, par le résultat d'un procès, la
« validité de sa patente. Mais lorsque le brevet
« n'est que récent, et que, contre la demande
« d'une injonction, on oppose que la spécification
« n'est pas bonne, ou que la patente n'aurait pas
« dû être accordée, la cour, sur la connaissance
« qu'elle prend de l'affaire en litige, n'agit pas
« d'après la validité ou la nullité de la patente,
« sans qu'un procès antérieur lui en ait manifesté
« l'une ou l'autre; alors, elle prescrit au breveté
« de recourir à la justice, et d'établir la validité
« de sa patente dans une cour de droit, et néan-
« moins, dans ce cas, elle lui accorde le bénéfice
« de l'injonction. »

En s'adressant à la cour de chancellerie, on dépose une requête par laquelle une injonction est demandée, à l'effet d'arrêter les contrefaçons. Dans la requête, il est justifié de la concession de la patente, ainsi que de la spécification, et les *affidavit*, ou déclarations sous serment, sont joints à l'appui. Les témoignages contenus dans ces déclarations, doivent tendre à établir qu'une spécification convenable a été enregistrée, que le breveté est le premier inventeur, et qu'il est évident que la contrefaçon a eu lieu, dans lequel cas l'injonction est ordinairement accordée sur la requête. Le défendeur peut prouver, dans sa réplique, qu'il n'a pas contrevenu à la patente; il peut tenter aussi de démontrer que l'invention n'est pas nouvelle, ou que la spécification n'est pas exacte, ou que le breveté n'est pas l'inventeur, ou le premier introducteur de l'invention dans ce pays. C'est au chancelier à prononcer alors si l'injonction sera maintenue, ou si l'on procédera préalablement dans une cour de droit commun.

Il s'est présenté des cas où il était difficile d'avoir des preuves de la contrefaçon actuelle, parce qu'on ne pouvait pas connaître les moyens employés par le défendeur pour une fabrication particulière. Si on fournit de bonnes preuves à l'appui de la demande d'une injonction, la cour ordonne l'examen des ouvrages argués de contrefaçon, ou elle accorde une injonction en laissant au défendeur le soin de faire voir qu'il n'emploie pas l'invention du patenté; mais cette forme n'est suivie qu'autant que les articles produits paraissent tellement semblables à ceux provenant de l'invention brevetée, que l'on doit naturellement en conclure que les moyens de fabrication sont les mêmes.

L'on a dit que, d'après le statut de Jacques Ier, la validité des patentes est discutée et déterminée selon le droit commun du royaume. Par conséquent, une patente ne doit pas être considérée comme nulle, à moins qu'elle n'ait été déclarée telle dans un procès intenté expressément pour statuer sur la validité de la concession, et où il est procédé en vertu d'un ordre de *scire fa-*

cias(1). Ce procès se poursuit au nom du roi, parce que l'on considère qu'une patente ne peut être déclarée nulle, qu'autant qu'elle est contraire à la loi, ou que le roi, comme auteur de la concession, a été induit en erreur par le breveté qui est reconnu n'être pas le premier inventeur, ou le premier importateur de l'invention; ou que le breveté n'a pas rempli, par sa spécification, les conditions imposées par les lettres-patentes; ou que la concession a été faite pour un objet, tandis que, dans la spécification, un autre objet a été décrit; ou que la spécification est imparfaite, sous d'autres rapports. Le roi est censé, dans tous ces cas, avoir été trompé en concédant les lettres-patentes, et c'est pourquoi son nom est employé dans l'enquête, à l'effet de s'assurer si la patente a été accordée duement. Cependant, quoique le nom du roi paraisse, la partie poursuivante paie les frais de l'action, c'est-à-dire la part qui en retombe sur le plaignant dans la cause.

On estime, en droit, que tous les sujets du roi souffrent d'une concession illégale de lettres-patentes; c'est ce qui fait attribuer à un individu quelconque la faculté de recourir à Sa Majesté, dans le but d'en obtenir un ordre de *scire facias* (1), pour être statué sur la validité d'une patente. Dans une action de cette espèce, le breveté exigera des preuves analogues à celles qui sont fournies dans un procès en contrefaçon.

Lorsque le jugement est rendu en faveur de la

(1) Revoyez la note de la pag. 20.

(2) Idem.

couronne, la patente n'est pas valide, et la cour en ordonne l'annulation; mais si le jugement donne gain de cause au breveté qui est défendeur, alors la patente est déclarée valable. On peut ajouter ici que les patentes excitent la plus sérieuse attention dans toutes les cours de droit et d'équité; les juges ne tolèrent pas qu'on élève des objections frivoles contre la validité d'une patente, et ils donnent, au contraire, l'interprétation la plus favorable à tout ce qui a rapport à la concession et à la spécification.

Avant que le breveté ne fasse des démarches auprès d'une cour de droit ou d'équité, à l'effet d'arrêter une contrefaçon, il doit avoir recours aux lumières d'un conseil, et à celles de gens experts, pour savoir si la spécification ne peut pas être rectifiée conformément au bill de lord Brougham (§ 5 et 6, w. 4), en faisant enregistrer une renonciation ou un memorandum de changement, suivant la première clause. Car si la spécification lui attribuait quelque chose de plus que ce qui était nouveau lorsque le sceau a été apposé à la patente, ou s'il y avait quelque autre défaut, le breveté, sans renonciation ou memorandum de changement enregistré avant le commencement de la procédure en droit ou équité, serait déclaré non recevable, et il aurait à payer tous les frais du procès. La première clause statue notamment, « que nulle renonciation ni changement ne se- « ront admis dans toute action ou procès [sauf et « excepté les procédures par *scire facias* (1)] com-

(1) Revoir encore la note de la pag. 20.

« mencé et pendant à l'époque de l'enregistre-
« trement de cette renonciation ou de ce chan-
« gement; mais dans tout procès et action, le
« titre original et la spécification seront pro-
« duits. »

Si un breveté succombe dans un procès intenté pour contrefaçon, parce qu'il y est prouvé que quelque partie de la spécification ou du titre de l'invention est vicieuse en droit, la validité de la patente n'est pas détruite; loin de là, la spécification et le titre peuvent être rectifiés plus tard par une renonciation ou memorandum de changement, et la patente est rendue parfaitement valide et bonne en droit, pourvu que la spécification contienne réellement une invention nouvelle et utile. Et si le même défendeur continuait ses contrefaçons, on pourrait de nouveau l'actionner judiciairement. Ainsi, il ne sera plus permis à un défendeur de se servir d'une invention patentée, parce qu'il élèverait dans un procès, une objection solide contre quelque partie de la spécification. On peut se prévaloir avec avantage d'un cas de cette nature. Un M. Brunton avait pris une patente pour une invention qui consistait, suivant la spécification, en un perfectionnement dans les câbles en chaîne, dans les cabestans et dans les ancres. Au procès, il fut prouvé que les ancres n'étaient pas nouvelles, et il fut reconnu en même temps par toutes les parties, que l'invention relative aux câbles, était non-seulement nouvelle mais très-utile. Le breveté ne réussit pas à soutenir la validité de sa patente, à cause du défaut de nouveauté dans les ancres; il fut, en conséquence, dépouillé de toute son invention. Selon la législation établie en ce moment, il aurait pu, après le jugement, faire enregistrer une renonciation pour la partie de la spécification qui se rapportait aux ancres, et la patente eût été valable pour le reste.

En rédigeant la renonciation ou le memorandum de changement, on ne saurait être trop soigneux et trop circonspect, parce que souvent, des termes qui y sont employés dépend le succès que l'on espère. Que le breveté ne se presse donc pas; qu'avant de faire sa déclaration (1), il consulte des hommes plus au courant que lui de la législation des patentes.

CHAPITRE DIXIÈME.

De la législation des patentes considérée sous un point de vue général, et de la manière de décider les contestations qui naissent à leur sujet.

On a plus d'une fois élevé des objections contre la législation qui régit les patentes, et beaucoup de propositions ont été faites pour l'améliorer.

Une de ces objections consiste à dire que peu de personnes ayant les connaissances qu'exige la décision à rendre sur les droits attachés à une patente, elle ne devrait pas être portée par un juge et un jury, comme il se pratique, mais qu'il

(1) Voir dans l'appendice, la formule de renonciation et de memorandum de changement.

conviendrait d'y substituer une commission d'hommes éclairés et choisis selon la nature particulière de l'invention.

Quand on voit, ce qui est arrivé souvent, qu'un grand nombre de personnes adonnées au même genre de commerce ou d'industrie, se réunissent dans l'intention de faire tomber une patente, à cause soit de la diminution de leurs bénéfices, soit de la cessation totale de leurs affaires, à moins qu'elles n'obtiennent du breveté par une licence, l'autorisation de se servir de l'invention nouvelle, ce ne serait pas d'après les exemples multipliés qui s'en sont produits, entre ces personnes qu'on devrait prendre une commission pour décider des droits d'une patente : elles auraient trop d'intérêt au résultat de la décision ; et quoiqu'elles pussent être très-respectables, il serait cependant contre les principes généraux des lois d'Angleterre, de composer un jury de telles personnes placées dans une telle position.

On inclinerait généralement à penser que des personnes engagées dans un genre de fabrication, seraient les premières à apprécier la valeur de l'invention nouvelle s'appliquant à leur branche d'industrie. Il n'en est cependant pas ainsi. Au contraire, il est reconnu que, dans presque tous les cas où s'introduit un changement considérable dans une fabrication, il est opéré par des individus à qui la même fabrication était totalement étrangère. Les anciennes habitudes et les préjugés ont tant d'influence sur les hommes, que ceux qui pratiquaient antérieurement telles ou telles opérations manufacturières, sont en général les derniers qui se conforment à un perfectionnement dans le moyen de les produire. De là vient la grande difficulté que l'on éprouve fréquemment à répandre et propager une nouvelle invention. Si la machine à vapeur de Watt avait été soumise, lorsqu'elle parut, au jugement des ingénieurs de l'époque, leur jalousie et leurs préventions étaient portées au point que la découverte ne serait jamais devenue la propriété de l'inventeur. Le grand Sméaton lui-même qui l'avait examinée dans un moment où il allait entreprendre des travaux considérables, préféra d'exécuter une machine à vapeur selon l'ancien système, au lieu d'employer celui de Watt, quoique l'unique paiement que demandait le breveté pour l'usage de sa machine, ne fût qu'une partie des bénéfices provenant de l'épargne sur l'énorme quantité de charbon que consommait une ancienne machine de même force.

La manière de juger des droits d'une patente conformément aux règles de la législation, telle qu'elle existe aujourd'hui, est plus à l'abri de la critique qu'aucun des projets mis en avant pour l'améliorer, et l'on peut faire observer que les mêmes objections s'élèveraient contre toutes les dispositions que cette législation présente, et qu'il faudrait supprimer le jugement par jury qui est si justement et si universellement respecté. Les auteurs de ces objections oublient que le devoir du jury est de juger d'après les preuves qui lui sont fournies, et, dans aucun cas, on n'exige de lui que, sur le fait, il connaisse la loi qui s'y applique. Il serait aussi hors de propos d'attendre qu'en un procès relatif à un contrat pour la construction d'une maison, le jury examinât et appréciât la bonté des matériaux, que d'exiger de lui qu'il connût le mérite et la valeur d'une invention patentée. Dans un procès relatif à une patente, les experts sont des hommes instruits, toujours prêts à répondre aux questions du juge, et qui se trouvent aidés par des personnes versées dans les sciences; par-là, on peut obtenir d'eux, et exposer au jury, tout ce qu'ils pensent sur le sujet en question. C'est ainsi que douze personnes qui ne connaissaient nullement l'affaire auparavant, sont mises en état de prononcer un jugement équitable. Mais ce n'est pas ce qui arriverait, si des hommes instruits étaient juges, au lieu d'être experts. — En ce qui concerne le juge, son devoir n'est pas moins clairement tracé; on ne demande pas qu'il possède des connaissances scientifiques plus étendues que n'en ont les magistrats qui siégent dans les tribunaux. Le juge doit s'expliquer sur les termes de la spécification, savoir : si elle est conforme aux conditions renfermées dans les lettres-patentes; ou si le titre donné à l'invention dans la patente, et la réclamation de nouveauté dans la spécification, correspondent et concordent parfaitement? — Il appartient au jury de décider, sur les déclarations des experts, si l'invention est nouvelle et utile; s'il est prouvé qu'il y ait eu contrefaçon; et, en outre, si l'invention peut être exécutée d'après la description que la spécification en a faite? C'est pourquoi la patente devrait être appuyée d'une évidence lumineuse et telle que des personnes qui en liraient la spécification, pussent, en s'y conformant, exécuter l'invention sans aucun autre aide. En tout temps il peut surgir des questions où le jury a à prononcer si, d'après les experts, la spécification est aussi claire que la loi le commande : quand il y a là-dessus des opinions contraires, le juge s'en rapporte au jury qui décide si les parties intéressées ont rempli ou non certaines conditions prescrites.

On a également critiqué la manière d'accorder les lettres-patentes, surtout en ce qui est du ressort de l'*atorney* ou de l'avocat-général, et l'on a recommandé de venir à son aide, par la création d'un conseil de commissaires très-instruits qui examineraient les inventions, et déclareraient s'il y aurait lieu de leur délivrer des patentes.

Tant de considérations s'opposent à ce mode de procéder, qu'il est inutile d'entreprendre de réfuter cette proposition. Néanmoins, comme on doit toujours compter sur la puissance des lois, et savoir qu'elles peuvent attribuer à chacun ce qui lui est justement dû, il s'ensuit que s'il existait le moindre doute sur cette puissance, la confiance en elle se trouverait affaiblie ; et l'on aimerait mieux supporter un tort, que de hasarder des réclamations devant un tribunal dont le pouvoir ne semblerait pas efficace.

Les observations qui viennent d'être faites sur le choix d'une commission de savants qui jugeraient de la validité des droits de patente, s'adressent avec plus de force à une commissiou semblable qui serait établie à l'effet de décider si une patente doit être accordée pour une nouvelle invention. Ces commissaires seraient pris parmi des fabricants, des ingénieurs civils, ou des individus intéressés soit directement, soit indirectement à la construction ou à l'emploi des machines et mécaniques propres à produire les différentes fabrications connues actuellement : or, supposé qu'un inventeur réclame une patente, ce ne serait que pour quelqu'invention ou découverte à l'aide de laquelle il introduirait un moyen nouveau et plus économique d'opérer une fabrication connue, ou pour une nouvelle fabrication qui, si elle était pratiquée avantageusement, pourrait faire abandonner l'ancienne. Un cas semblable se présentant devant une commission constituée de la sorte, il est évident qu'il pourrait y avoir et qu'il y aurait même un ou plusieurs de ses membres qui rendraient un jugement intéressé, ou qui seraient contraints de concourir à une sentence qui ferait accorder une patente ou un monopole d'où résulterait l'anéantissement des profits du métier ou de la profession où quelques-uns des commissaires auraient un intérêt direct ou indirect. — Outre cela, il y a souvent des exemples de patentes pour des inventions tellement différentes de toute autre déjà connue, que les commissaires seraient incapables de juger, et il s'ensuivrait encore probablement des refus de patentes d'une importance majeure. On pourrait citer notamment, le moyen d'éclairer les rues par le gaz. Si, avant le premier essai qui en a eu lieu, on avait demandé une patente à cet effet, une commission ainsi composée aurait pu conclure au refus ; car, telle était la prévention contre la possibilité de faire servir avec avantage le gaz à l'éclairage des rues, que les neuf dixièmes des savants tournaient en ridicule l'idée d'une semblable application. On peut encore citer la machine à vapeur de Watt. Le préjugé était aussi très-fort contre cette machine, et on ne supposait pas qu'elle parvînt à l'emporter sur les anciennes pompes à feu comme on les appelait alors. Ces exemples, ainsi que bien d'autres qui se sont présentés ou se présentent encore fréquemment, suffisent à démontrer qu'une commission de savants ne convient pas pour décider si une patente doit être accordée ou non. D'ailleurs, les frais d'une commission dépasseraient de beaucoup la somme que coûte la concession d'une patente, et dont les deux tiers se reversent dans le public. Conformément à la marche actuellement suivie, un inventeur ne saurait craindre qu'on lui refuse une patente, dans la supposition qu'il a pu se tromper sur l'utilité de son invention. Le roi ayant reçu la demande, accorde sans difficulté les lettres-patentes, aux risques du demandeur, et sans être retenu par la considération de savoir si l'invention est nouvelle et utile, et si elle produit l'effet annoncé.

APPENDICE.

FORMULES ET MODÈLES ; NOUVEAUX DÉVELOPPEMENTS SUR L'ACTE DE MAI 1832, ET SUR LE MODE DE SON EXÉCUTION.

Déclaration à faire en demandant une patente.

Je A B, de , dans le comté d (profession), déclare solennellement et sincèrement que j'ai inventé (1) , que j'en suis le premier et véritable inventeur (2), et que cet objet n'a jamais été, à ma connaissance et selon ma croyance, exécuté par une autre personne, ou par aucunes autres personnes.

Je déclare, en outre, que mon intention est d'obtenir des patentes en Ecosse et en Irlande (3), et je fais cette déclaration, croyant en conscience qu'elle est véritable, et en vertu des dispositions d'un acte fait et passé dans les cinquième et sixième années du règne de , dont le titre est : Acte pour rappeler un acte de la session actuelle du parlement, intitulé Acte pour abolir plus

(1) Insérer ici le titre de l'invention.

(2) En cas que l'invention soit une communication de l'étranger, cette circonstance est mentionnée expressément, et l'on déclare en même temps que l'invention n'a jamais été pratiquée dans ce royaume, à la connaissance et selon la croyance de celui qui fait la déclaration.

(3) Les mots en caractères italiques doivent être supprimés, quand on n'a pas cette intention ; et lorsque la déclaration ne comprend que l'Ecosse ou l'Irlande, il faut retrancher la dénomination de l'autre royaume.

efficacement les serments et les affirmations usités dans les divers départements de l'Etat, pour y substituer des déclarations et supprimer les serments et affirmations volontaires et extra-judiciaires, et pour établir d'autres conditions à l'effet d'abolir les serments inutiles.

Signé A B.

Déclaré à
ce jour de 18
Par-devant moi
un des maîtres en chancellerie (1).

Requête à présenter au Roi.

A Sa très-excellente Majesté le Roi,

Humble requête de A B, de , dans le comté de .

Expose le suppliant qu'il a inventé (2), qu'il en est le premier et véritable inventeur, et que ladite invention n'a jamais été exécutée ni exploitée par une autre personne, ou par d'autres personnes quelconques, à sa connaissance et selon sa croyance.

Le suppliant demande donc très-humblement que Votre Majesté veuille bien lui accorder, à lui, à ses exécuteurs testamentaires, à ses administrateurs et ayant-droit, vos lettres-patentes royales, sous le sceau de la Grande-Bretagne, pour l'usage exclusif, bénéfice et avantage de ladite invention, en Angleterre et dans la principauté de Galles, et dans la ville de Berwick sur Tveed et (3), *aussi dans toutes les colonies et plantations de*

(1) Ou maître extraordinaire en chancellerie ; ou juge de paix, si c'est en Ecosse.

(2) Insérer le titre de l'invention, dans les termes que la déclaration contient.

(3) Les mots en caractères italiques sont supprimés lorsque la patente ne s'étend pas aux colonies et plantations.

Votre Majesté, pour le terme de quatorze ans (1), conformément au statut fait et publié en pareil cas.

Et le suppliant priera toujours, etc.

Renvoi ou soit communiqué de la requête, à l'*atorney* ou à l'avocat-général.

Whiteal, 18

Sa Majesté veut bien renvoyer cette requête à M. *l'atorney* ou à M. l'avocat-général, pour en prendre connaissance et en faire son rapport : sur quoi Sa Majesté manifestera ses intentions ultérieures.

Le secrétaire d'Etat pour l'intérieur.

Caveat.

Caveat contre toute personne prenant des lettres-patentes pour perfectionnements relatifs à , sans en donner avis auparavant à etc.

Avis à donner aux personnes qui ont pris des caveat.

Bureau des patentes.

4, Old squarre, Lincoln's jnn, 18

Monsieur,

J'ai l'honneur de vous informer que B, de , dans le comté de a fait la demande d'une patente pour (*ici est inséré le titre de l'invention*).

(1) Il y a eu plusieurs actes du parlement pour prorogation de la durée d'une patente, ce que l'on peut obtenir actuellement en ayant recours au conseil privé.

Si vous pensez que ladite demande peut être contraire à votre caveat, vous êtes prié de répondre (port payé) dans les sept jours, à dater d'aujourd'hui : autrement, il sera donné cours à la patente demandée.

Je suis, etc.

Signature.

Rapport de l'*atorney* ou de l'avocat-général.

A la Majesté très-excellente du Roi.

Conformément aux ordres de Votre Majesté, qui m'ont été signifiés par le très-honorable , l'un des principaux secrétaires d'Etat de Votre Majesté, qui m'a transmis la requête de A B, de , pour en prendre connaissance, et en faire mon rapport, laquelle requête déclare que le suppliant a inventé (*ici est inséré le titre de l'invention*); qu'il en est le premier et véritable inventeur, et que ladite invention n'a été découverte ni employée par aucune autre personne ou personnes quelconques, à sa connaissance et selon sa croyance.

Le suppliant prie donc humblement Votre Majesté de vouloir bien lui accorder, ainsi qu'à ses exécuteurs testamentaires, administrateurs et ayant droit, vos lettres-patentes royales, sous le grand sceau de votre royaume uni, pour l'usage exclusif, bénéfice et avantage de sa dite invention, en Angleterre, dans la principauté de Galles, dans la ville de Berwick sur Tveed, et *dans les colonies et plantations étrangères de Votre Majesté* (1), pour le terme de quatorze ans, conformément au statut fait et établi en pareil cas.

Je demande humblement la permission de certifier à Votre Majesté, qu'à l'appui de l'exposé contenu dans la-

(1) Voir la troisième note de la pag. 102.

dite requête, le suppliant m'a remis une déclaration par laquelle il affirme solennellement qu'il a inventé (*ici le titre de l'invention*); qu'il en est le premier et véritable inventeur, et que ladite invention n'a été découverte ni employée par aucune autre personne, ou personnes quelconques, à sa connaissance et selon sa croyance.

Après avoir considéré et reconnu que c'est au suppliant à justifier, à ses risques et périls, de la nouveauté de l'invention, et à en assurer le succès; et comme Votre Majesté juge convenable d'encourager les arts et les inventions qui tendent au bien public, je suis humblement d'avis que Votre Majesté peut, par vos lettres-patentes royales, sous le grand sceau de votre royaume, accorder au suppliant, à ses exécuteurs testamentaires, à ses administrateurs et ayant-droit, l'usage exclusif, bénéfice et avantage de sadite invention en Angleterre, dans la principauté de Galles, et dans la ville de Berwick sur Tveed, ainsi que *dans toutes les colonies et plantations étrangères de Votre Majesté* (1), pour le terme de quatorze ans, conformément au statut fait et établi en pareil cas, si Votre Majesté daigne y consentir, avec les conditions ordinaires qui exigent que l'impétrant, dans l'espace de mois, à dater du jour de ces lettres-patentes, fasse enregistrer à la haute cour de la chancellerie, sous son seing et sceau, la description particulière de la nature de sa susdite invention, et la manière de l'employer : autrement, lesdites lettres-patentes seraient nulles.

Ce que je soumets humblement à la sagesse royale de Votre Majesté.

Lincoln's jnn, 18

Signature de l'*atorney*, ou de l'avocat-général.

(1) Revoir la troisième note de la pag. 102.

Ordonnance du Roi.

. . . . . Roi,

Attendu que A B, de dans le comté de , nous a représenté humblement par sa requête, qu'il a inventé (*ici le titre de l'invention*); qu'il en est le premier et véritable inventeur, et que ladite invention n'a été découverte ni employée par aucune autre personne ou personnes quelconques, à sa connaissance et selon sa croyance. — Le suppliant demande donc humblement qu'il nous plaise lui accorder, et à ses exécuteurs testamentaires, administrateurs et ayant-droit, nos lettres-patentes royales, sous le grand sceau de la Grande-Bretagne, pour qu'il ait le droit exclusif d'exercer, construire, faire, vendre, user et employer sadite invention, et tous autres bénéfices et avantages qui en dépendent, dans cette partie du royaume uni appelée Angleterre, dans notre principauté de Galles, et dans la ville de Berwick sur Tveed, ainsi que *dans toutes les colonies et plantations étrangères* (1), pour le terme de quatorze ans, suivant le statut fait et établi en pareil cas.

Nous, voulant encourager tous les arts et toutes les inventions utiles qui peuvent contribuer au bien public, désirons accueillir la requête du suppliant. C'est donc notre volonté et notre bon plaisir que vous prépariez un bill pour notre signature royale, afin que nous apposions notre grand sceau de notre royaume uni de la Grande-Bretagne et de l'Irlande, contenant l'octroi que nous lui faisons, à lui ledit A B, à ses exécuteurs testamentaires, à ses administrateurs et ayant-droit, pour l'usage exclusif, bénéfice et avantage de ladite invention dans cette partie de la Grande-Bretagne appelée Angleterre, notre principauté de Galles, et la ville de Berwick sur Tveed, et éga-

(1) Revoir la troisième note de la pag. 102.

lement *dans toutes nos colonies et plantations étrangères* (1), pour le terme de quatorze ans, suivant le statut fait et établi en pareil cas; à condition que le suppliant, dans l'espace de mois, à compter de la date de notre concession projetée, fasse enregistrer dans notre haute cour de la chancellerie, une description particulière de la nature de ladite invention, et de quelle manière elle peut être exécutée, autrement nosdites lettres-patentes proposées seront nulles; et vous devez insérer dans ledit bill, toutes les clauses, prohibitions, conditions qui sont d'usage et nécessaires dans les concessions de cette nature, et telles que vous jugerez requises; et la présente ordonnance vous autorise à le faire.

Donné à notre cour de Saint-James, le jour de , 18 , dans l'an de notre règne.

Par ordre de Sa Majesté,
Le secrétaire-d'Etat de l'intérieur.

A notre atorney,
ou avocat-général.

Lettres-patentes.

(N° 1.) D. . . . par la grâce de Dieu, Roi du royaume uni de la Grande-Bretagne et de l'Irlande, défenseur de la foi, à tous ceux qui les présentes verront, salut.

Sur ce que A B, de , dans le comté d , nous a humblement représenté par sa requête, qu'il a inventé (*ici le titre de l'invention*), qu'il en est le premier et véritable inventeur, et que ladite invention n'a jamais été exécutée par aucune autre personne ou personnes quelconques, à sa connaissance et selon sa croyance; il nous a, en conséquence, supplié très-humblement de vou-

(1) Revoir la troisième note de la pag. 102.

loir bien lui accorder, à lui, à ses exécuteurs testamentaires, à ses administrateurs et ayant-droit, nos lettres-patentes royales, sous le grand sceau de la Grande-Bretagne, pour l'usage exclusif, bénéfice et avantage de ladite invention, en Angleterre, dans la principauté de Galles, et dans la ville de Berwick sur Tveed, ainsi que *dans toutes nos colonies et plantations étrangères* (1), pour le terme de quatorze ans, suivant le statut fait et établi en pareil cas; et nous, désirant d'encourager tous les arts et toutes les inventions qui peuvent tendre au bien public, voulons bien accueillir la requête du suppliant.

(N° 2.) Savoir faisons donc que nous, de notre grâce particulière, de notre connaissance certaine, et de notre propre mouvement, avons donné et accordé et, par ces présentes, donnons et accordons audit A B, à ses exécuteurs testamentaires, à ses administrateurs et ayant-droit, notre licence spéciale, plein-pouvoir, unique privilége et autorisation, pour que lui A B, ses exécuteurs testamentaires, ses administrateurs et ayant-droit, chacun d'eux par lui-même et par eux-mêmes, ou par son délégué ou leurs délégués, serviteurs ou agents, ou telle autre personne ou telles personnes que lui dit A B, ses exécuteurs testamentaires, ses administrateurs ou ayant-droit, avec qui il pourra traiter alors, et nul autre, d'une époque à une autre et en tout temps à partir de ce jour pendant le nombre d'années indiqué ci-après, puisse exécuter légalement, employer, exercer et vendre ladite invention, dans cette partie de notre royaume uni de la Grande-Bretagne et de l'Irlande, appelée Angleterre, notre principauté de Galles, et la ville de Berwick sur Tveed, et aussi *dans nos colonies et plantations étrangères* (2), de la manière que lui ledit A B, ses exécuteurs testamentaires, ses administrateurs et ayant-droit, jugera ou juge-

(1) Revoir la troisième note de la pag. 102.
(2) Idem.

ront convenable, et à sa ou à leur volonté; et que lui dit A B, ses exécuteurs testamentaires, ses administrateurs et ayant-droit, aura et possédera, ou auront et posséderont exclusivement les profit, bénéfice, commodité et avantage (d'une époque à une autre) provenant, sortant et dérivant de ladite invention, pour et pendant le nombre d'années mentionné plus bas; pour avoir, tenir, exercer et posséder ladite licence, les pouvoirs, priviléges et avantages ci-dessus accordés et spécifiés, ou qui seront accordés audit A B, à ses exécuteurs testamentaires, à ses administrateurs et ayant-droit, pendant et jusqu'à l'expiration du terme de quatorze ans, à dater du jour de ces présentes, et qui se termineront suivant le statut fait et établi en pareil cas; et afin que lui ledit A B, ses exécuteurs testamentaires, ses administrateurs et ayant droit, et chacun d'eux, puissent jouir privativement des bénéfice, usage et exercice de ladite invention, conformément à notre intention bienveillante ci-dessus déclarée, nous, par ces présentes, pour nous, nos héritiers et successeurs, exigeons et ordonnons impérativement que tous et chaque personne et toutes personnes, corps politiques et en communauté, et tous nos autres sujets quelconques, de quelque état, qualité, degré, nom ou condition qu'ils puissent être, dans cette partie de notre royaume uni de la Grande-Bretagne et de l'Irlande, appelée Angleterre, notre principauté de Galles, et la ville de Berwick sur Tveed, et également *dans nos colonies et plantations étrangères susdites* (1), n'exécuteront soit directement, soit indirectement, ni eux ni aucun d'eux, à aucune époque pendant la durée dudit terme de quatorze ans, accordé par les présentes, et n'emploieront ni n'exploiteront ladite invention, ou aucune partie d'icelle, ainsi découverte par ledit A B, ni ne la contreferont ou imiteront, ni ne feront ou feront faire aucune addition ou

(1) Revoir la troisième note de la pag. 102.

soustraction à la susdite, par le moyen de laquelle ils prétendraient en être les inventeurs, à moins de licence, consentement ou permission par écrit dudit A B, de ses exécuteurs testamentaires, de ses administrateurs et ayant-droit, et d'avoir obtenu auparavant de lui ou d'eux la signature et le sceau à cet effet, sous les peines et amendes qui peuvent être justement infligées à de tels délinquants par mépris de notre présente ordonnance royale; et ils seront, de plus, responsables envers ledit A B et envers ses exécuteurs testamentaires, ses administrateurs et ayant-droit, selon la loi, du dommage que lui et eux auront ainsi éprouvé. Et, en outre, nous, par ces présentes, pour nous-même, nos héritiers et nos successeurs, voulons et ordonnons que tous les juges de paix, maires, adjoints, huissiers, constables, chefs de communauté et tous autres officiers et employés, de nous, de nos héritiers et successeurs, qu'eux ou aucun d'eux, à aucune époque ultérieure durant ledit terme accordé par les présentes, n'interrompent ni n'interrompront d'aucune manière, ne molesteront ni n'empêcheront ledit A B, ses exécuteurs, administrateurs ou ayant-droit, ou aucun d'eux, ni ses ou leurs délégués, serviteurs ou agents, dans et concernant l'usage et exercice convenable et légal de ladite invention, ni en aucune chose y relative;

(N° 3.) Pourvu, et nos présentes lettres-patentes sont et seront à cette condition, que si à aucune époque durant ledit terme accordé par ces présentes, il nous paraît à nous, à nos héritiers et à nos successeurs, ou à six personnes ou plus, faisant partie de notre ou leur conseil privé, que notre présente concession est contraire à la loi, préjudiciable ou incommode à nos sujets en général, ou que ladite invention n'est pas une invention nouvelle pour l'usage et exercice public d'icelle dans cette partie de notre royaume uni de la Grande-Bretagne et de l'Irlande, appelée Angleterre, notre principauté de Galles, et la ville de Berwick sur Tveed, et *également dans toutes nos colonies et plantations étrangères* (1), ou qu'elle n'a pas été inventée et découverte (2) par ledit A B, comme il a été dit plus haut, alors après que la connaissance ou la déclaration d'icelle en aura été faite par nous, nos héritiers ou nos successeurs, sous notre seing ou leur seing, ou le sceau privé, ou par les lords et autres de notre ou de leur conseil privé, ou par six personnes ou plus d'entre eux, sous leur signature, nos présentes lettres-patentes finiront, et seront entièrement nulles dans toute la force du terme, malgré tout ce qui a pu y être inséré de contraire ;

(N° 4.) Pourvu aussi que nos présentes lettres-patentes, avec tout ce qui y est contenu, ne s'étendent pas ou ne soient pas comprises pour s'étendre à donner le privilége audit A B, à ses exécuteurs, à ses administrateurs ou ayant-droit, ou à aucun d'eux, d'employer ou d'imiter toute invention ou ouvrage quelconque qui a déjà été découvert et inventé par quelqu'autre de nos sujets, et exercé publiquement dans cette partie de notre royaume uni de la Grande-Bretagne et de l'Irlande, appelée Angleterre, dans notre principauté de Galles, ou dans la ville de Berwick sur Tveed, ou *dans aucune de nos colonies et plantations étrangères susdites* (3), à qui de semblables lettres-patentes ou priviléges ont déjà été accordés, pour son usage, exercice et bénéfice exclusifs, notre volonté et notre bon plaisir étant que ledit A B, ses exécuteurs, ses administrateurs et ayant-droit, et toute autre personne ou personnes à qui de semblables lettres-patentes ou priviléges ont déjà été accordés, comme

(1) Revoir la troisième note de la pag. 102.

(2) S'il s'agit d'une invention venant de l'étranger, la patente est comme il suit : « ni introduite en premier lieu dans ce pays par ledit A B, etc. »

(3) Revoir la troisième note de la pag. 102.

il a été dit, emploieront distinctement et exerceront leurs différentes inventions faites et découvertes par eux, selon le véritable sens et signification desdites lettres-patentes respectives et des présentes;

(N° 5.) Pourvu encore, et nos présentes lettres-patentes sont à cette condition expresse, que si ledit A B, ses exécuteurs ou administrateurs, ou toute personne ou personnes qui auront ou pourront avoir, à aucune époque ultérieure, ou réclameront des droits, titres ou intérêts, en droit ou équité, à ou sur les possession, privilége et autorisation de l'usage privatif et bénéfice de ladite invention accordés par les présentes, opèrent des transferts ou cessions, ou tout transfert supposé ou abandon de ladite liberté ou dudit privilége, ou d'aucune partie ou parties du bénéfice ou profit d'icelle, ou déclareront en faire la remise à un nombre de personnes au-dessus de cinq (1), ou en leur faveur, ou qui ouvriront tout livre ou livres pour des souscriptions publiques auxquelles devra participer un nombre quelconque de personnes excédant celui de cinq, dans le but d'obtenir toute somme ou sommes d'argent, sous le prétexte d'exercer ladite liberté ou ledit privilége accordés par les présentes, ou recevra ou recevront par lui-même ou par eux-mêmes, par ses ou leurs agents ou serviteurs, une somme ou des sommes d'argent quelconques, de tout nombre de personnes dépassant en totalité celui de cinq, pour tel ou tel

(1) Des actes du parlement ont augmenté le nombre des personnes qui pourraient être intéressées dans les droits d'une patente, cette clause ne tendant en général qu'à empêcher les corps de communauté d'avoir un monopole exclusif de quelque fabrication; mais elle ne prive pas le breveté du droit d'accorder des licences à un certain nombre d'individus pour faire et employer son invention, tant que lui, ou ses ayant-droit ne s'élevant pas au-dessus de cinq, possèdent la patente.

dessein, ou prendront sur eux d'agir en corps de communauté, ou partageront le bénéfice de nos présentes lettres-patentes, ou la liberté et les priviléges accordés par nos présentes, entre un nombre quelconque d'actions dépassant celui de cinq, ou au cas que lesdits pouvoir, privilége ou autorisation soient dévolus ultérieurement ou affectés à plus de cinq personnes ou de leurs représentants, à une époque quelconque (considérant les exécuteurs et administrateurs comme la seule et unique personne qu'ils représentent quant à l'intérêt auquel ils ont ou auront droit, par testament ou succession ab intestat), qu'alors et dans chacun desdits cas, nos présentes lettres-patentes, et toutes les libertés et avantages quelconques accordés par icelles, cesseront entièrement, finiront et deviendront nuls, malgré tout ce qui est ci-devant exprimé de contraire (1);

(N° 6.) Pourvu enfin que si ledit A B ne décrit pas particulièrement et ne représente pas la nature de sadite invention, et de quelle manière elle doit être exécutée, par une pièce écrite signée de sa main et revêtue de son sceau, et ne fait pas enregistrer ladite description dans notre haute cour de chancellerie, sous mois après la date de nos présentes lettres-patentes, alors ces présentes lettres et toutes les libertés et avantages qu'elles accordent, cesseront entièrement, finiront et deviendront nuls, nonobstant tout ce qui a été dit ci-dessus de contraire.

(N° 7.) Et finalement, nous accordons par ces présentes, pour nous, nos héritiers et successeurs, audit A B, à

(1) Cette clause a été supprimée dans toutes les patentes, depuis le mois de mai 1832. Il y en a été substitué une autre qui étend les droits inhérents à une invention, à douze personnes agissant comme associées, avec privilége d'accorder des licences à un nombre quelconque d'individus. Voir ci-après, ce qui concerne l'acte de 1832.

ses exécuteurs, à ses administrateurs et ayant-droit, que nos présentes lettres-patentes, ou l'enregistrement ou transcription d'icelles, seront sous tous les rapports regardées comme bonnes, fermes, valides, suffisantes et efficaces en droit, selon leur véritable sens et signification, et qu'elles seront prises, comprises et interprétées dans le sens le plus favorable et le plus avantageux audit A B, à ses exécuteurs, à ses administrateurs et ayant-droit, aussi bien dans toutes les cours d'archives qu'ailleurs, par tous les officiers et employés par nous, nos héritiers et successeurs, dans cette partie de notre royaume uni de la Grande-Bretagne et de l'Irlande, appelée Angleterre, notre principauté de Galles, et la ville de Berwick sur Tveed, et *dans toutes nos colonies et plantations étrangères* (1), comme il a été dit, et parmi tous nos sujets et ceux de nos héritiers et successeurs quelconques, en quelques lieux qu'ils se trouvent, quand même la description de la nature et de la qualité de l'invention ou des objets qui s'y rapportent et en dépendent, ne serait pas complète et fermement assurée.

En témoignage de quoi nous avons fait délivrer nosdites lettres-patentes.

Spécification.

A tous ceux qui les présentes verront, salut.

Je , de , dans le comté d , présente mes salutations.

Attendu que sa très-excellente Majesté le Roi , par ses lettres-patentes sous le grand sceau de la Grande-

(1) Revoir la troisième note de la pag. 102.

Bretagne, portant la date de Westminster, le jour de 18, dans l'an de son règne, m'a donné et accordé à moi ledit A B, à mes exécuteurs testamentaires, à mes administrateurs et ayant-droit, et à tels autres avec qui nous traiterions dans un temps quelconque, et avec nul autre, d'une à une autre époque, durant le nombre d'années y mentionnées, pour faire, employer, pratiquer, exercer et vendre en Angleterre, dans la principauté de Galles, et dans la ville de Berwick sur Tveed, et *également dans toutes les colonies et plantations étrangères de sadite Majesté* (1), mon invention (*ici, on insère le titre mot à mot, tel qu'il a été mis au commencement des lettres-patentes*), lesquelles lettres-patentes m'assujétissent à faire enregistrer la description particulière de la nature de ladite invention et de la manière qu'elle doit s'exécuter, par une pièce écrite signée de ma main et revêtue de mon sceau, dans la haute cour de la chancellerie de sadite Majesté, sous mois (2) après la date de ladite patente, comme il paraît plus amplement si l'on s'y reporte.

Savoir faisons que, conformément à ladite condition, je ledit A B, déclare par ces présentes, que la nature de mon invention et la manière dont on peut l'exécuter, sont particulièrement désignées et décrites dans et par la spécification suivante, *en se rapportant au dessin ci-joint, et aux figures et lettres qui y sont marquées* (3), c'est-à-dire que mon invention consiste (*insérer ici la description*).

(1) Revoir la troisième note de la pag. 102.

(2) Une spécification est duement enregistrée si on la dépose au bureau de l'enregistrement, le jour où le dernier mois expire, à une heure quelconque avant midi.

(3) Les mots en caractères italiques sont retranchés quand on n'emploie pas de dessin pour faciliter l'intelligence de la description.

En témoignage de quoi, je ledit A B, ai apposé ici mon seing et mon sceau, ce jour de

A B (sceau) (1).

Reçu et reconnu par A B,
partie intéressée, je jour de 18 , à
Par-devant moi
Maître en chancellerie (2).

Enregistrement de la spécification.

Enregistrée dans la haute cour de la chancellerie de Sa Majesté, le jour de , l'an de Notre Seigneur 18 , après avoir été préalablement et duement timbrée, selon la teneur du statut fait exprès.

Signé, le commis de l'enregistrement.

Nouveaux développements sur l'acte de mai 1832, et sur le mode de son exécution.

Toute personne ayant obtenu des lettres-patentes pour une invention, peut faire enregistrer sa renonciation à une partie quelconque du titre ou de la spécification, ou un memorandum du changement qu'elle y apporte, lequel, après avoir été déposé, sera considéré comme faisant partie de la patente.— Le caveat peut être enregistré, comme auparavant.—La renonciation ne doit pas affecter les procès pendants lors du présent acte. — L'avocat-général peut exiger que le renonçant fasse annoncer publiquement sa renonciation.

« Attendu qu'il convient de faire certaines additions et certains changements à la législation actuelle des patentes, autant pour protéger les brevetés dans l'exercice des droits que leurs lettres-patentes ont voulu leur assu-

(1) Si la patente est prise par deux inventeurs conjointement, ou par un plus grand nombre, il suffit de la reconnaissance et de la signature de l'un d'eux.

(2) Ou maître extraordinaire en chancellerie.

rer, que pour faire jouir plus amplement le public des avantages qui en résulteront, qu'il soit décrété par la très-excellente Majesté du Roi, par et suivant l'avis et le consentement des lords spirituels et temporels, et de la chambre des communes, assemblés dans ce présent parlement, et par l'autorisation desdits, que toute personne qui, en qualité de concessionnaire, de fondé de pouvoir ou autrement, a obtenu ou obtiendra plus tard des lettres-patentes pour le droit exclusif de faire, exercer, vendre ou employer une invention quelconque, peut, si elle le juge convenable, faire enregistrer dans le bureau du commis des patentes d'Angleterre, d'Ecosse ou d'Irlande respectivement, comme il adviendra, après en avoir obtenu la permission de l'avocat ou de l'*atorney* général au cas d'une patente anglaise, du lord avocat ou de l'avocat-général de l'Ecosse au cas d'une patente écossaise, et de l'avocat ou *atorney* général de Sa Majesté pour l'Irlande au cas d'une patente irlandaise, certifiée par son ordre et sa signature, une renonciation à une partie quelconque soit du titre de l'invention soit du contexte de la spécification, en expliquant les motifs qui l'engagent à y renoncer; ou ladite personne peut, au moyen de ladite permission, faire enregistrer le memorandum d'un changement quelconque dans ledit titre ou dans la spécification, ladite renonciation ou ledit changement n'étant pas de nature à s'étendre jusqu'au droit exclusif accordé par lesdites lettres-patentes; et cette renonciation ou ce memorandum de changement, après avoir reçu le visa du commis des patentes, et après avoir été enregistré comme la spécification, seront regardés et admis comme faisant partie desdites lettres-patentes ou de ladite spécification, dans toutes les cours quelconques : sous les conditions suivantes, savoir : 1° que toute personne puisse déposer un caveat, de la même manière qu'on a l'usage de prendre des caveat, contre telle ou telle renonciation, ou contre tel changement, lequel caveat après avoir été pris de la sorte, donnera à la partie qui l'aura pris, le droit de recevoir avertissement de la demande, pour être entendue devant l'avocat ou l'*atorney* général respectivement; 2° que cette renonciation ou ce changement ne soit pas recevable dans une cause ou un procès quelconque pendant [sauf et excepté dans une procédure par *scire facias* (1)] à l'époque où cette renonciation ou ce changement a été enregistré : mais dans toute cause ou dans un procès pareil, le titre original et la spécification seuls seront produits, et seront regardés et admis comme étant le titre et la spécification de l'invention pour laquelle les lettres-patentes ont ou auront été obtenues; 3° qu'il soit permis à l'avocat ou à l'*atorney* général, ou au lord avocat, avant de donner cet ordre, d'exiger de la partie qui le demande, qu'elle fasse annoncer publiquement sa renonciation ou son changement, de la manière qui paraîtra convenable audit avocat ou *atorney* général, ou audit lord avocat, lequel, s'il juge cette annonce nécessaire, certifiera, dans son ordre, que ladite annonce a été duement faite. »

Mode de procéder quand le breveté est reconnu n'être pas le véritable inventeur, quoiqu'il ait cru l'être.

« Et qu'il soit décrété que si, dans une cause ou un procès quelconque, il est prouvé, ou constaté spécialement par le verdict d'un jury, qu'une personne quelconque qui aura obtenu des lettres-patentes pour une invention ou prétendue invention, n'en était pas le premier inventeur, ni l'inventeur de quelque partie d'icelle, parce qu'une autre personne ou d'autres personnes avaient employé ladite invention ou partie d'icelle avant la date desdites lettres-patentes, il sera permis au breveté ou à ses ayant-droit, de recourir à Sa Majesté en conseil, afin de faire confirmer lesdites lettres-patentes, ou d'en ob-

(1) Voir la note de la pag. 20.

tenir de nouvelles : l'objet de la requête sera discuté devant le comité judiciaire du conseil privé; et ce comité, après avoir examiné l'affaire, et s'être convaincu que ledit breveté croyait être véritablement le premier inventeur et l'inventeur originaire, et que cette invention ou partie d'icelle n'avait pas été employée publiquement ni généralement avant la date desdites lettres-patentes, peut déclarer dans un rapport à Sa Majesté, qu'il est d'avis que la requête soit favorablement accueillie, sur quoi Sa Majesté pourra l'accueillir, si elle le juge convenable, et lesdites lettres-patentes seront valides en droit et en équité, et conféreront au suppliant le droit exclusif d'exercer, de faire et de vendre ladite invention, nonobstant l'opposition de toutes personnes quelconques, et quoique la loi, l'usage ou la coutume y fassent obstacle, pourvu que toute personne s'opposant à ladite requête, ait le droit d'être entendue par-devant ledit comité judiciaire; pourvu aussi que toute personne ayant été engagée dans un procès antérieur concernant lesdites lettres-patentes, ait droit de réclamer contre la susdite requête, avant sa présentation.

« Si dans une cause ou dans un procès quelconque, un verdict ou jugement est rendu en faveur du breveté, le juge peut accorder un certificat, lequel étant représenté dans tout autre procès, autorisera le breveté, l'acte étant à son profit, à exiger le triple des frais.

« Et qu'il soit décrété que si une action ou procès en cour d'équité, est dirigé contre une prétendue infraction desdites lettres-patentes accordées antérieurement ou après un acte de *scire facias* (1) pour rappeler lesdites lettres-patentes, et si un verdict est porté au profit du breveté ou de ses ayant-droit, et si un arrêt final (2) ou un ordre décrétal est rendu en sa ou en leur faveur, selon

(1) Revoir la note de la pag. 20.
(2) Revoyez la note 2 de la pag. 86.

le mérite de l'action, il sera permis au juge, devant qui cette cause aura été plaidée, de certifier sur les pièces déposées aux archives, ou le juge qui aura prononcé ce décret ou cet ordre, pourra donner un certificat signé de sa main, constatant que la validité de la patente a été révoquée en doute à son tribunal, lequel certificat étant représenté dans tout autre procès ou cause quelconque, concernant ladite patente, si un verdict est passé, ou si un décret ou ordre décrétal est rendu en faveur dudit breveté ou de ses ayant-droit, lui ou eux recevront le triple des frais dans ladite action ou cause, d'après la taxation qui en sera faite, à moins que le juge en rendant en second lieu ce décret ou cet ordre, ou en jugeant cette seconde cause, ne déclare que le triple desdits frais ne doit pas être accordé. »

Marche à suivre pour obtenir la prolongation du terme de la patente.

« Qu'il soit de plus décrété que si une personne a déjà obtenu ou obtiendra plus tard des lettres-patentes, elle annoncera trois fois dans la gazette de Londres et dans trois journaux de Londres, et trois fois dans quelque journal de province publié dans la ville où, soit près de laquelle s'opère une fabrication de quelque chose, faite suivant sa spécification. ou dans laquelle soit près de laquelle est établie sa résidence, dans le cas où elle ne se livrerait pas à cette fabrication. ou publié dans le comté où est située sa fabrique, ou bien où il demeure dans le cas où il ne se publierait pas de journal dans cette ville, qu'elle se propose de recourir à Sa Majesté en conseil, à l'effet d'obtenir une prolongation de son terme pour l'usage privatif et la vente exclusive de son invention, et qu'elle y aura recours dans ce but : il sera permis à toute personne de prendre un caveat au bureau du conseil ; et si Sa Majesté renvoie l'examen de la demande au comité judiciaire du conseil privé, et après avertissement donné par lui à toute personne ou personnes qui auront pris des caveat, le suppliant sera entendu par son conseil et par ses témoins, et les personnes qui auraient pris des caveat seront également entendues par leurs conseils et par témoins, sur quoi l'affaire ayant été discutée et approfondie mûrement, le comité judiciaire pourra déclarer, dans un rapport à Sa Majesté, qu'une plus grande extension du terme fixé par lesdites lettres-patentes, doit être accordée, sans toutefois qu'elle dépasse sept ans; et, par là, Sa Majesté sera mise à portée d'accorder à ladite invention, si elle le juge convenable, de nouvelles lettres-patentes, pour un terme qui n'excédera pas sept ans après l'expiration du premier terme, malgré toutes lois, coutumes et usages contraires, et sous la condition que cette prolongation ne sera pas accordée, si la demande en prorogation n'est pas adressée et suivie d'effet avant l'expiration du terme originairement fixé par lesdites lettres-patentes. »

En cas de procès, etc., il faut signifier sommairement ses moyens.

« Et qu'il soit décrété que dans toute action intentée contre toute personne pour infraction de lettres-patentes, le défendeur, dans l'intérêt de sa défense, donnera au plaignant, et le plaignant, dans tous les cas de *scire facias* (1) en révocation desdites lettres-patentes, déposera avec sa déclaration, une indication sommaire des moyens qu'il entend faire valoir quand le procès aura lieu, et il sera interdit d'en articuler d'autres durant le procès, soit en faveur du plaignant, soit en faveur du défendeur, à moins qu'on n'ait établi et justifié d'abord ceux énoncés dans l'indication : pourvu qu'après une assignation dudit

(1) Revoir la note de la pag. 20.

défendeur au plaignant, ou dudit plaignant audit défendeur, il soit toujours possible de démontrer au juge qu'on doit être autorisé à avancer d'autres moyens que ceux compris dans l'indication sommaire, et que le juge le permette sous les conditions qu'il trouvera convenables. »

Du coût des procédures pour infraction de lettres-patentes.

« Et qu'il soit décrété que, dans toute action intentée pour infraction du privilége accordé par des lettres-patentes, il y a à considérer, en taxant les frais, la partie de l'affaire qui a été établie et prouvée dans la procédure, laquelle sera certifiée par le juge devant qui elle aura été plaidée, et le montant des frais de chaque partie sera adjugé s'il mérite de l'être, en ayant égard à l'indication des moyens, ainsi qu'à la demande, et abstraction faite du résultat général du procès. »

Amende contre ceux qui, sans autorisation, emploient le nom d'un breveté, etc.

« Et qu'il soit décrété que si quelqu'un écrit, peint ou moule, fond, imprime ou découpe, ou grave ou estampille sur un objet quelconque qui est fait, employé ou vendu par lui, pour lequel il n'a pas obtenu, par des lettres-patentes, le droit exclusif de le faire et de le vendre, le nom ou toute autre imitation du nom de toute autre personne qui aura obtenu par des lettres-patentes, le droit exclusif de faire et de vendre ledit objet, et sans en avoir reçu par écrit la permission dudit breveté ou de ses ayant-droit; ou si quelqu'un, sur cet objet qui n'aura pas été acheté du breveté ou de quelque personne qui l'ait acheté dudit breveté ou d'une personne autorisée à cet effet, ou n'ayant pas eu la licence ni le consentement par écrit dudit breveté ou de ses ayant-

droit, écrit, peint, imprime, moule, fond, découpe, grave, estampille, ou autrement marque le mot « patente », les mots « lettres-patentes », ou les mots « par patente du Roi », ou tout autre mot de la même nature, du même sens ou de la même signification, avec l'intention d'imiter ou de contrefaire l'estampe, la marque ou autre devise du breveté, ou qui imitera ou contrefera d'une manière quelconque l'estampe ou la marque, ou autre devise du breveté, il sera soumis, par chaque contravention, à payer une amende de cinquante livres sterling (1250 francs) qui seront recouvrables par procédure de dette-bill, plaintes ou dénonciations, dans toutes les cours d'archives de Sa Majesté à Westminster ou en Irlande, ou dans la cour de session en Ecosse, dont la moitié pour le Roi, ses héritiers et ses successeurs, et l'autre moitié pour la personne qui intentera le procès, sauf que rien de ce qui est ici contenu ne sera interprété comme devant s'étendre au point d'assujétir une personne à une amende quelconque au sujet de l'estampille du mot « patente » sur un objet fabriqué, quel qu'il soit, quand la patente qui avait été obtenue pour le privilége exclusif de faire ou de vendre ledit objet, sera expirée. »

Règles à observer en procédant devant le comité judiciaire du conseil privé, en vertu des articles 5 et 6 de l'acte passé dans la onzième année du règne de Guillaume IV, intitulé « Acte pour amender la législation concernant les patentes, chap. 83. »

1. Une personne qui désire user du recours autorisé par la section 2 dudit acte, annoncera publiquement, en avertissant trois fois dans la gazette de Londres et dans trois journaux de Londres, et trois fois également dans quelque journal de province publié dans la ville où, soit près de laquelle, s'opère la fabrication d'un objet exécuté suivant la spécification de sa patente, ou près de laquelle

soit dans laquelle est établie sa résidence au cas où elle ne se livrerait pas à cette fabrication, ou publié dans le comté de la situation de sa fabrique, ou bien où elle demeure s'il ne se publie pas de journal dans cette ville, qu'elle se propose de recourir à Sa Majesté, conformément à ladite section, et elle désignera dans lesdits avertissements, l'objet de son recours, avec indication du jour où elle a l'intention de l'exercer, à une époque qui sera fixée pour en débattre le sujet (lequel jour sera indiqué au moins à quatre semaines de la date de celui de la publication du dernier avertissement dans la gazette de Londres), et que ce jour-là ou auparavant, il faut prévenir de l'opposition que l'on voudrait faire au recours; et toute personne qui aurait le dessein de s'opposer audit recours, déposera à cet effet une réclamation sommaire au bureau du conseil, le jour ou avant le jour désigné dans lesdits avertissements et, par le dépôt, elle aura droit à recevoir du requérant un avis de la fixation à quatre semaines, de l'époque assignée pour l'audience.

2. Un individu qui désirera se pourvoir d'après la section 4 dudit acte, indiquera dans les avertissements qui doivent être publiés en vertu de ladite section, le jour où il aura le projet d'agir pour la fixation de l'époque où sera débattu le sujet de sa requête (lequel jour ne comprendra pas moins de quatre semaines, à compter de celui de la publication du dernier avertissement à insérer dans la gazette de Londres), et que ce jour-là ou auparavant, les caveat doivent être déposés; et toute personne se proposant de prendre un caveat, le déposera au bureau du conseil, le jour ou avant le jour ainsi désigné dans lesdits avertissements; et après avoir pris ce caveat, elle aura à recevoir du requérant, un avis comprenant quatre semaines, et fixant l'époque désignée pour l'audience.

3. Les requêtes autorisées par les sections 2 et 4 dudit acte, doivent être présentées dans le cours de la semaine

qui précédera le dernier avertissement publié par la gazette de Londres.

4. Il faut qu'elles soient toutes accompagnées d'affirmations qui attestent que les avertissements ont été publiés conformément aux dispositions de la section 4 du susdit acte, et à celles que nous venons d'indiquer sous les nombres 1 et 2 : le contenu auxdites affirmations pourra être contesté par les parties s'opposant à l'audience.

5. Tous individus par qui des caveat sont déposés, en vertu de la section 4 du susdit acte, tous ceux ayant figuré dans une ancienne cause ou procès concernant les lettres-patentes par rapport auxquelles des requêtes auront été présentées, et toutes personnes qui donneraient une indication sommaire de leur opposition formée suivant ce qui est dit sous le nombre 1, auront droit respectivement à recevoir des copies des requêtes présentées d'après lesdites sections, et ne pourront agir pour faire fixer l'époque de l'audience, sans affirmer que ces copies leur ont été remises.

6. Toutes les personnes qui les auront reçues, déposeront au bureau du conseil, dans la quinzaine qui en suivra la réception, l'indication succincte des motifs qu'elles ont de s'opposer à ce que le but desdites requêtes soit atteint.

7. Les parties peuvent prendre, à leurs frais, des copies de toutes les pièces déposées à l'appui d'une demande autorisée par le susdit acte.

8. Le maître de la haute cour de la chancellerie, ou tout autre officier à qui on s'adressera pour taxer les frais occasionnés par une requête présentée en vertu du susdit acte, allouera ou rejettera, selon qu'il le jugera convenable, tous paiements faits à des hommes versés dans les sciences ou à des experts qui auront été entendus, surtout dans les affaires où les opinions seraient controversées.

Bureau du conseil, Whitehall, 18 novembre 1835.

Règles de pratique établies par l'atorney ou l'avocat-général.

Jusqu'à nouvel ordre, voici la marche à suivre par un breveté lorsqu'il désire d'obtenir la permission de déposer une renonciation ou un changement de quelque partie, soit du titre de son invention, soit de sa spécification, en vertu des art. 5 et 6 de l'acte de Guillaume IV, chap. 83, section 1re.

Le demandeur présentera une requête à l'atorney ou à l'avocat-général, où la renonciation ou le changement sera désigné; il faudra y joindre des copies de la spécification originale, et de la renonciation ou du changement qu'il proposera : l'époque de l'audience sera fixée sur cette requête.

Si à l'audience, l'atorney ou l'avocat-général ne juge pas à propos d'admettre le changement ou la renonciation, toute autre procédure devient inutile. S'il l'admet sans aucun avertissement, il apposera sa signature à l'ordonnance qui lui sera soumise, à l'effet d'autoriser le commis des patentes à faire l'enregistrement requis.

Lorsque l'atorney ou l'avocat-général estimera qu'il y a lieu de publier des avertissements, il donnera des instructions à ce sujet, et il fixera, pour examiner plus amplement l'affaire, une époque quelconque, mais antérieure de dix jours au moins à celui de la première publication des avertissements.

Les caveat peuvent être déposés en tout temps, avant la notification de l'ordonnance; et il doit être donné, sept jours d'avance, à toute personne qui prend un caveat, avis de la fixation de l'audience où l'affaire sera discutée.

L'ordonnance est écrite ou grossoyée sur le même parchemin que la patente, et à la suite est faite la transcription du changement ou de la renonciation.

Requête à l'atorney ou à l'avocat-général, pour une renonciation ou un memorandum de changement.

Requête de A B, de , dans le comté de (*désignation de l'état ou profession*).

Expose le suppliant qu'il a obtenu de Sa Majesté, une patente datée de Westminster, le jour d 18 , en l'an de son règne pour (*insérer ici le titre de l'invention*), et qu'il a fait duement enregistrer la spécification de ladite invention.

(*Entrer ici dans quelques détails suffisants pour faire comprendre en quoi la nature de l'invention consistait, et les motifs de la renonciation ou des changements.*)

Le suppliant prie donc M. l'atorney ou l'avocat-général de Sa Majesté, de vouloir bien faire enregistrer par le commis des patentes, en y joignant son ordre et sa signature, comme il est exigé par la loi, ladite renonciation et le memorandum de changement, dont les copies signées par le suppliant, accompagnent la présente (1).

Déclaration à laisser avec la requête, pour être enregistrée.

Dans l'affaire d'une patente accordée à A B, de dans le comté d , pour son invention (*transcrire ici le titre de l'invention*), portant la date de Westminster, le jour de 18 .

Renonciation et memorandum de changements proposés, que A B désire de faire enregistrer par le commis des patentes, conformément à un acte passé dans les cin-

(1) Si c'est un syndic qui produit la requête, comme représentant de la masse des créanciers d'un breveté failli, cette circonstance doit être mentionnée, et la requête présentée en son nom.

quième et sixième années du règne de Sa Majesté , intitulé *Acte pour amender la législation des patentes.*

Je, ledit A B (*suivent les termes de la renonciation et des changements, et l'exposé de leurs motifs*).

En foi dequoi, je ledit A B, ai apposé ici ma signature, le jour de , 18 .

Signé A B.

Caveat conforme auxdits art. 5 et 6 de la 1re section de l'acte de Guillaume IV, chap. 83.

Caveat contre toute personne qui fait enregistrer une renonciation ou un changement dans une spécification relative à la filature, sans en donner avis à , etc.

Autre caveat à enregistrer conformément aux mêmes articles du même acte.

Caveat contre A B, pour l'empêcher de donner de l'extension à sa patente datée du jour de 18 , et relative à certains perfectionnements dans la filature, sans en avertir .

Cession de lettres-patentes.

Acte passé le jour de , en l'an de Notre Seigneur 18 , entre A B de , dans le comté de , d'une part, et C D, de , dans le comté d , d'autre part.

Attendu que ledit A B, par sa requête, a représenté humblement à Sa Majesté très-gracieuse le Roi , que lui, dit A B avait inventé (*ici le titre de l'invention*), qu'il en était le premier et véritable inventeur, et que la même invention n'avait jamais été pratiquée en Angleterre, dans la principauté de Galles et dans la ville de Berwick sur Tveed, ni *dans les colonies et plantations étrangères de Sa Majesté* (1), en considération de quoi, Sa très-gracieuse Majesté a bien voulu lui octroyer, à lui ledit A B, à ses exécuteurs testamentaires, à ses administrateurs et ayant-droit, ses lettres-patentes royales, en date de Westminster, le jour de 18 , en l'an de son règne, donnant et accordant audit A B, à ses exécuteurs, à ses administrateurs et ayant-droit, plein pouvoir, privilége exclusif et autorisation, pour que lui ledit A B, ses exécuteurs, administrateurs et ayant-droit, et chacun d'eux séparément, ou ses délégués, serviteurs ou agents, ou tels autres que ce soit que lui ledit A B, ses exécuteurs, administrateurs et ayant-droit choisiraient, à une époque quelconque, et nulle autre personne, d'époque en époque, et en tout temps par la suite, durant le terme de quatorze ans accordé par lesdites lettres-patentes, de faire légalement, employer, exercer et vendre sadite invention en Angleterre, dans la principauté de Galles, et dans la ville de Berwick sur Tveed, et aussi *dans toutes les colonies et plantations étrangères de Sa Majesté* (2), de la manière qui paraîtra convenable à lui, ledit A B, à ses exécuteurs, à ses administrateurs et ayant-droit, et que lui, dit A B, ses exécuteurs, ses administrateurs et ayant-droit, auront légalement et posséderont tous les profits, bénéfices et avantages, d'époque en époque, provenant et résultant de ladite invention, pour et durant ledit terme de quatorze ans, dans lesquelles lettres-patentes il y a la condition que si ledit A B ne fait pas enregistrer dans le courant de mois, une description pleine et spéciale de ladite invention, et de quelle manière il faut

(1) Revoir la note 3 de la pag. 102.
(2) Idem.

l'exécuter, par une pièce écrite, signée de lui et revêtue de son sceau, lesdites lettres-patentes, et toutes les libertés et avantages accordés par icelles, finiront et deviendront nuls. Et attendu que ledit A B a fait duement enregistrer une spécification de sadite invention, et qu'il n'a rien négligé pour rendre lesdites lettres-patentes complètes et efficaces en droit, ni rien fait, à sa connaissance, qui puisse nuire à leur validité.

Or, cet acte déclare qu'en considération de la somme de liv.   , monnaie légale de la Grande-Bretagne, que ledit A B a bien et duement reçue dudit C D, au moment de ou avant la signature des présentes, et que ledit A B reconnaît par les présentes avoir reçue dudit en totalité, en donne décharge complétement et à toujours audit C D, à ses exécuteurs, à ses administrateurs et ayant-droit, ledit A B a cédé, vendu et transféré audit C D, à ses exécuteurs, administrateurs et ayant-droit, toutes lesdites lettres-patentes ci-dessus mentionnées, et tous les avantages, profits et bénéfices qui peuvent en provenir, et tous les droits, le titre, la propriété, les réclamations et les demandes quelconques, tant en droit qu'en équité, de lui dit A B, de ses exécuteurs, administrateurs et ayant-droit, en vertu de la cession desdites lettres-patentes déjà faite ou projetée, pour avoir et tenir lesdites lettres-patentes et tous les émoluments transférés ou à transférer par ces présentes audit C D, à ses exécuteurs, à ses administrateurs et ayant-droit, à son ou leur bénéfice privatif, d'une manière aussi ample et aussi avantageuse, sous tous les rapports, que ledit A B aurait pu tenir, si le présent acte n'avait pas lieu.

Et ledit A B nomme et désigne irrévocablement par ces présentes, pour lui-même, ses exécuteurs et administrateurs et ayant-droit, ledit C D, ses exécuteurs, administrateurs et ayant-droit, pour être le procureur de lui A B, de ses exécuteurs et administrateurs, avec plein pouvoir et autorisation de demander en son nom ou en leur nom, et au nom dudit A B, de ses exécuteurs ou administrateurs, exercer, recouvrer et recevoir toutes les sommes d'argent, les profits et produits exigibles ou résultant desdites lettres-patentes, et de donner et de signer des reçus convenables, quittances et décharges, en vertu desdites patentes; et lui dit A B s'oblige pour lui-même, ses exécuteurs ou administrateurs; à ratifier et confirmer leurs actes et toutes choses quelconques que ledit preneur fera légalement et fera faire en ce qui concerne les avantages et profits cédés par le présent acte.

De plus, ledit A B, pour lui-même, ses exécuteurs et administrateurs, promet, convient et s'engage envers ledit C D, ses exécuteurs, administrateurs et ayant-droit, comme il suit, savoir que lui dit A B a maintenant par lui-même, bon droit et plein pouvoir et autorisation de transférer lesdites lettres-patentes et tous leurs avantages cédés ou sur le point d'être cédés par le présent acte, audit C D, à ses exécuteurs, administrateurs ou ayant-droit, de la manière ci-dessus spécifiée, et selon le véritable sens et la signification du présent acte, et que lesdites lettres-patentes, avec lés avantages qu'elles comportent, seront et pourront être tenues légalement et en sa possession, libres, exemptes et quittes de toutes dettes, librement et franchement exonérées et déchargées par ledit A B, ses héritiers, exécuteurs ou administrateurs qui resteront en tout temps bien et suffisamment à l'abri de toute recherche et de tout procès au sujet d'icelles, ou seront indemnisés de tous frais et embarras quelconques que pourraient en souffrir ledit A B, ses héritiers, exécuteurs et administrateurs.

Et en outre, ledit A B, ses héritiers, exécuteurs et administrateurs, s'il s'élève quelques réclamations légales, ou s'ils sont tenus d'en élever, par lui-même, par eux ou quelqu'un d'eux, d'une époque à une autre, et en tout temps par la suite, ils le feront à la requête et aux dépens dudit C D, de ses exécuteurs, administrateurs ou ayant-droit, et souscriront et exécuteront tous actes légaux et subiront toutes procédures quelconques pour assurer plus efficacement la propriété desdites lettres-patentes, de la manière susdite, et selon le véritable sens et la signification du présent acte, sur l'avis ou la signification dudit C D, de ses exécuteurs, administrateurs ou ayant-droit, ou d'après son ou leur conseil judiciaire.

En foi de quoi, etc.

Signatures des parties,
et signature et sceau du notaire.

Reçu les jour et an ci-dessus mentionnés, dudit C D, la somme de liv , formant le prix convenu.

Signé A B.

Au dos de l'acte est écrit :

Scellé, signé et délivré, après avoir été timbré duement, par le susdit A B, en présence de

Signatures des témoins.

Licence qui autorise à employer l'invention.

Cet acte passé le jour de , en l'an de Notre Seigneur 18 , entre A B, d'une part, et C D, de l'autre part.

Attendu que Sa très-gracieuse Majesté le Roi , a bien voulu octroyer audit A B, à ses exécuteurs, administrateurs et ayant-droit, ses lettres-patentes royales, datées de Westminster, le jour de 18 , en l'an de son règne, donnant et accordant audit A B, à ses exécuteurs, administrateurs et ayant-droit, plein pouvoir, privilége exclusif et autorisation pour que lui dit A B, ses exécuteurs, administrateurs et ayant-droit puissent faire, employer et vendre son invention (*insérer ici le titre de l'invention, dans les termes de la patente*), en Angleterre et dans la principauté de Galles, dans la ville de Berwick sur Tveed, et aussi *dans toutes les colonies et plantations étrangères de Sa dite Majesté* (1), pour le terme de quatorze ans, à dater du jour de la signature desdites lettres-patentes ;

Et attendu que ledit A B est convenu d'accorder une licence audit C D, à ses exécuteurs, administrateurs et ayant-droit, pour employer ladite invention jusqu'au nombre de deux mécaniques faites et construites selon la spécification desdites lettres-patentes, qui a été duement enregistrée dans la haute cour de la chancellerie de Sa Majesté.

Or, cet acte certifie que par suite de ladite convention, et moyennant la somme de liv   , bien et duement payée par ledit C D audit A B, dont le reçu est reconnu par la présente, ledit A B pour lui-même, ses exécuteurs, administrateurs et ayant-droit, a accordé et accorde par ces présentes audit C D, à ses exécuteurs et administrateurs, plein pouvoir, licence et autorisation d'établir, avoir et employer deux mécaniques (2), faites et construites selon l'invention susdite, pour et durant le terme desdites lettres-patentes, et ce jusqu'à son expiration, en s'assujétissant néanmoins aux conditions et clauses y mentionnées.

En considération du susdit privilége ou licence, ledit C D pour lui-même, ses exécuteurs et administrateurs, convient et promet d'établir deux mécaniques dans la fabrique située à   ; et au cas où à une époque ultérieure quelconque, lui ledit C D, ses exécuteurs et administrateurs jugeraient convenable de transporter lesdites mécaniques dans telle ou telle autre fabrique oc-

(1) Revoir la note 3 de la pag. 102.

(2) Dans quelques cas, il est bon de désigner le volume et la grandeur de la mécanique.

cupée par lui ou par eux, alors ledit C D, ses exécuteurs, administrateurs et ayant-droit donneront avis par écrit à cet effet audit A B, ses exécuteurs, administrateurs et ayant-droit, et que lui ledit A B, ses exécuteurs, administrateurs et ayant-droit pourront deux fois par an, à une heure convenable de la journée, entrer dans ladite fabrique contenant lesdites deux mécaniques. Et ledit C D, ses exécuteurs et administrateurs ne pourront, à aucune époque quelconque, pendant la durée desdites lettres-patentes, construire ni établir, ni permettre que l'on construise et établisse, dans une fabrique quelle qu'elle soit, occupée par lui ou par eux, aucunes autres mécaniques semblables à celles décrites dans la spécification desdites lettres-patentes, ni aucune partie d'icelles attribuée à ladite invention et en faisant partie, sans avoir préalablement obtenu à cet effet, la licence et le consentement par écrit dudit A B, de ses exécuteurs, administrateurs et ayant-droit. Et ledit C D, ses exécuteurs et administrateurs ne pourront, à aucune époque, pendant ledit terme de quatorze ans, faire soit directement, soit indirectement, ni faire faire aucune chose et aucune opération susceptible de causer du tort ou tendre à causer du tort à la validité de ladite patente, ou aux priviléges qui s'y attachent, mais ils donneront en tout temps, toute espèce d'informations, afin que ledit A B, ses exécuteurs, administrateurs et ayant-droit, puissent soutenir, maintenir et conserver lesdits priviléges.

Et enfin, pour la véritable et fidèle exécution de toutes les stipulations qui viennent d'être arrêtées et convenues, ledit C D pour lui-même, ses héritiers, ses exécuteurs et administrateurs, oblige chacun d'iceux et tous lesdits envers ledit A B, ses exécuteurs, administrateurs et ayant-droit, à la somme de liv , monnaie légale de la Grande-Bretagne, et ce à titre de pénalité.

En foi de quoi, etc. A B (sceau).

C D (sceau).

Reçu les jour et an ci-dessus, la somme de liv ,
formant le prix réglé.

A B.

Au dos de l'acte est écrit :

Scellé, signé et remis, après avoir été timbré duement, par ledit A B audit C D, en présence de

Signatures des deux témoins.

2, Ducie place.
Manchester.

Les spécifications et les dessins sont préparés pour les inventions que des lettres-patentes garantissent; les inventeurs sont aidés dans la recherche des moyens susceptibles de compléter leurs inventions, et mis au fait de la marche qu'exige l'obtention des patentes, par

William Nicholson,
ingénieur civil.

DOUBLE ADDITION

FAITE PAR L'ÉDITEUR,

A L'OUVRAGE QU'ON VIENT DE LIRE.

I.

Etat indicatif des frais d'obtention des patentes ou brevets d'invention de la Grande-Bretagne.

Une des notes mises, par M. Carpmael, à son sixième chapitre, fait connaître que les frais à payer pour l'examen d'une spécification au bureau de l'enregistrement des patentes, à Londres, s'élèvent à un schelling (un franc seize centimes), et, dans les autres bureaux, à trois schellings six pences (quatre francs trente-cinq centimes). Ce sont de légères dépenses dont la quotité pouvait être, sans inconvénient, ignorée des Français qui désirent se faire patenter dans la Grande-Bretagne. Il leur importe beaucoup plus de savoir ce qu'il en coûte pour y obtenir la délivrance des titres de propriété industrielle. Aussi, M. H. Truffaut a demandé sur ce point, à son correspondant de Londres, les renseignements les plus précis et les plus détaillés. Voici, d'après les réponses qu'il en a reçues, l'état indicatif des frais d'obtention des patentes en Angleterre, Ecosse, Irlande, et dans les colonies et plantations anglaises.

La patente accordée pour l'Angleterre, y compris la principauté de Galles et la ville de Berwick, coûte 110 livres sterling (2,750 francs);

Id. pour l'Angleterre et l'Ecosse, 190 livres sterling (4,750 francs);

Id. pour l'Angleterre, l'Ecosse et l'Irlande, 318 livres sterling (7,950 francs);

Id. pour l'Ecosse seule, 80 livres sterling (2,000 francs);

Id. pour l'Irlande seule, 128 livres sterling (4,200 frans);

Id. pour l'Ecosse et l'Irlande, 208 livres sterling (5,200 francs).

Les frais d'obtention de ces six variétés de patente, sont les mêmes respectivement, et sans augmentation, si on a demandé que le privilége s'étendît sur les colonies et plantations de la Grande-Bretagne. Si, au contraire, cette extension n'a pas été comprise dans la demande, on peut l'obtenir plus tard par une patente spéciale; mais le coût de cette dernière n'est pas inférieur à celui des premières lettres-patentes.

La législation anglaise faisant consister dans l'exécution, la pratique ou l'exploitation sur des parties déterminées du territoire britannique, des moyens d'industrie qui y étaient inconnus, ce qui en forme la nouveauté et les rend susceptibles de priviléges, il n'est pas étonnant qu'après avoir octroyé des lettres-patentes séparément pour l'Angleterre, ou pour l'Ecosse ou pour l'Irlande, et simultanément pour les trois royaumes unis, le gouvernement en accorde à l'introduction des mêmes moyens dans ses colonies et plantations. Il est toutefois à remarquer que l'extension du privilége, dans ce cas, est extrêmement coûteuse.

Aux frais dont je viens d'indiquer le montant, il faut ajouter les honoraires de l'agent que l'on charge de dresser et présenter la requête, et de toutes les écritures et démarches nécessaires à l'obtention de la patente; ils sont ordinairement de 10 livres sterling (250 francs) à 20 livres (500 francs), selon le temps que demandent la rédaction de la spécification et le tracé des dessins.

II.

Précis critique des principales dispositions législatives qui consacrent et règlent, en France, les droits des auteurs ou importateurs d'inventions et de perfectionnements dans les arts et métiers.

« On soupçonnait à peine, en France, avant 1789, les principes que les Anglais avaient établis chez eux pour la défense et la garantie des droits des auteurs d'inventions industrielles. La première connaissance en fut donnée aux ministres du Roi, par M. de la Luzerne, qui était alors ambassadeur à Londres. Bientôt après ils furent mieux connus, et nous nous empressâmes de les adopter.

« Les lois des 7 janvier et 25 mai 1791 les ont consacrés avec des modifications ; ces lois ont été modifiées elles-mêmes dans quelques-unes de leurs parties, par celle du 20 septembre 1792, et par les décrets postérieurement rendus, les 27 septembre 1800, 25 novembre 1806, 25 janvier 1807 et 13 août 1810. Notre but n'étant pas d'expliquer en détail ce que ces actes contiennent sur nos brevets d'invention, de perfectionnement et d'importation, il suffira d'indiquer ici sommairement en quoi leurs principales dispositions sont conformes à la législation qui régit les patentes en Angleterre, et en quoi elles en diffèrent.

« Nous délivrons des brevets comme les Anglais délivrent des patentes, à tous ceux qui en forment la demande, soit régnicoles, soit étrangers ; nous interdisons, comme eux, l'examen préalable de la bonté, du mérite ou de la priorité des découvertes; nous exigeons aussi, comme eux, le dépôt d'une description sincère et exacte de l'invention brevetée. Voilà ce que nous avons de commun avec les Anglais.

« Nous en différons en ce que les inventeurs n'ont chez nous aucun moyen de constater et d'assurer leurs droits sur une découverte qui n'est qu'ébauchée ou qu'ils n'ont pas portée au point de perfection qu'ils désirent ; en ce que la durée de nos brevets est de cinq, dix ou quinze ans, au choix de l'inventeur, tandis que celle des patentes anglaises est uniformément et invariablement fixée à quatorze ; en ce que les droits à payer en Angleterre pour un privilége industriel, sont plus élevés qu'en France ; en ce que nous brevetons réellement les importations d'industries étrangères, et que les Anglais ne leur accordent des patentes que par fiction. »

Telle est l'idée générale que donne sommairement de nos brevets, un petit écrit publié en 1829, avec l'approbation du ministre du commerce. Il convient d'y joindre succinctement quelques notions sur la manière de former la demande de ces titres; sur la taxe au paiement de laquelle la délivrance en est subordonnée; sur le mode et les formes de leur expédition, et sur les droits qu'ils confèrent; sur les cas où ils sont exposés à la déchéance; sur la marche que les brevetés ont à suivre, s'ils viennent à être troublés dans la possession et jouissance de leurs priviléges; enfin, sur les mesures projetées, et sur celles qu'il paraîtrait plus utile de prendre pour améliorer cette partie de la législation française.

Manière de former les demandes de brevets d'invention, de perfectionnement et d'importation. — Quoique l'art. 1er, titre II, de la loi du 25 mai 1791, ait prescrit de présenter par une requête au roi, les demandes des brevets d'invention, de perfectionnement et d'importation, l'usage a prévalu d'y subtituer une pétition en forme de lettre qui est adressée au ministre chargé des intérêts de l'industrie et du commerce. Il faut y indiquer clairement et brièvement, l'objet du titre demandé; il faut expliquer, en outre, si le brevet sera d'invention, de perfectionnement ou seulement d'importation, et si sa durée s'étendra, soit à dix, soit à quinze ans, ou se restreindra a cinq. A cette lettre ou pétition, on a soin de réunir la description autrement dite mémoire descriptif des procédés et moyens à breveter, et, s'il est nécessaire ou utile, des dessins qui en facilitent l'intelligence. Le tout est mis sous une enveloppe cachetée, pour être déposé au secrétariat d'une préfecture, après paiement fait à la caisse du receveur général du département, de la première moitié au moins de la taxe, et de la totalité du droit d'expédition du brevet.

En recevant à découvert le récépissé délivré par le receveur-général et, sous cachet, la demande et les pièces qui l'accompagnent, le secrétaire-général de la préfecture dresse procès-verbal du dépôt, et la dépêche cachetée est transmise par le préfet au ministre du commerce, avec un double ou une expédition du procès-verbal.

Une semblable marche est suivie, quant aux pièces à déposer et au procès-verbal constatant leur dépôt, lorsqu'un breveté, instruit par l'expérience, veut modifier son titre par des additions, retranchements ou modifications quelconques. Il demande alors un certificat de changement et d'addition, qui est aussi appelé brevet d'addition et de perfectionnement, après avoir préalablement acquitté toute la taxe qui est modique, comme il sera dit ci-après. Ce titre additionnel, qui peut être obtenu toutes les fois que des perfectionnements nouveaux seraient apportés aux moyens formant l'objet du privilége primitif, s'incorpore au brevet originaire, pour ne constituer avec lui qu'un seul et même titre, et n'avoir que la même durée.

Taxe au paiement de laquelle est assujétie la délivrance des brevets. — La taxe à payer pour l'obtention de ces titres est fixée, savoir :

Brevet de 15 ans.	1,500 fr.
Id. de 10 *id.*	800
Id. de 5 *id.*	300
Droit d'expédition d'un brevet de l'une de ces trois catégories, quel qu'il soit.	50
Certificat de changement et d'addition	24
Enregistrement d'une cession de brevet.	18

Il y a de plus à verser au secrétariat de la préfecture par chaque demande de brevet ou de certificat d'addition et de changement, et pour l'enregistrement de chaque cession totale ou partielle d'un brevet, une somme de douze francs, selon le tarif annexé à la loi du 25 mai 1791. La perception en est faite au profit du secrétaire général, à la charge par lui de pourvoir aux frais de timbre des procès-verbaux, et des expéditions ou des doubles qui en sont remis aux parties.

On peut acquitter en une seule fois et d'avance, la taxe totale des brevets. Cependant la loi laisse la faculté de n'en payer d'abord que la première partie, comme il a été dit : dans ce cas, une soumission est souscrite pour la seconde moitié, payable à six mois de date, ce dont fait mention le procès-verbal du dépôt des pièces.

Expédition des brevets, et droits qu'ils confèrent.—Aussitôt que les pièces déposées aux secrétariats des préfectures, suivant les formes indiquées, parviennent au ministère du commerce, on ouvre la dépêche qui les contient, et il est procédé à leur enregistrement; elles sont ensuite renvoyées au comité consultatif des arts et manufactures.

Ce comité ne les examine ni sous le rapport de la priorité, ni sous celui du mérite des découvertes qui se présentent : l'art. 1er du titre 1er de la loi du 25 mai 1791, en a interdit tout examen sous ces deux rapports. Il cherche à s'assurer seulement que les descriptions, et les dessins s'il y en a, donnent une idée claire des procédés et moyens à breveter; destinés à être rendus publics à l'expiration du brevet, à quoi en servirait la publication, si on ne pouvait alors les comprendre?

Lorsqu'il les trouve peu intelligibles, ceux qui les ont produits en sont informés, et il leur est facile en prenant sans délai un certificat d'addition et de changements, de les expliquer et de les éclaircir.

C'est donc principalement dans l'intérêt général et public qu'a lieu l'examen du comité. Il lui arrive néanmoins de l'étendre parfois officieusement, à ce qui touche particulièrement le demandeur de brevet. S'il vient à découvrir que l'objet pour lequel la demande a été faite, est connu soit par la pratique qui en serait établie dans certaines manufactures, soit parce qu'il aurait été gravé ou imprimé, soit parce que le conservatoire royal des arts et métiers en posséderait le modèle ou le dessin, soit enfin parce qu'il aurait déjà été privilégié antérieurement, il a soin de l'énoncer dans son avis; et sur la communication qui en est donnée au postulant, celui-ci peut retirer sa demande et ses fonds : quand, au contraire, il croit avoir des motifs de persister, le titre qu'il désire obtenir lui est délivré à ses périls et risques.

Sur les pièces examinées par le comité consultatif, il est dressé un acte que signe le ministre, et qui porte la dénomination de *Certificat de demande de brevet*. C'est un titre provisoire qui est accompagné de la copie authentique des mêmes pièces, et que rend définitif une proclamation royale insérée, chaque trimestre, au Bulletin des lois. Il est transmis cacheté au préfet qui a eu le dépôt de la demande, avec ordre de le délivrer sans l'ouvrir, au nouveau breveté et d'en prendre un reçu.

Une fois que le certificat de demande a été signé par le ministre, la description et les plans déposés à l'appui, sont communiqués sans rétribution à tout Français domicilié; mais contrairement à ce qui se pratique en Angleterre, on n'en délivre et on n'en laisse point emporter de copie.

Voici l'effet que produisent les actes dont il vient d'être parlé, et les droits qu'ils confèrent.— Le procès-verbal du dépôt des pièces aux secrétariats des préfectures, assure le privilége, à dater du jour, de l'heure et de la minute où il a été dressé; il n'accorde pas néanmoins la faculté de poursuivre judiciairement des contrefacteurs, laquelle reste également étrangère au certificat de demande, dont la date fixe celle de l'entrée en jouissance; tous les autres droits inhérents aux brevets, sont conférés par ce certificat, et l'art. 16 de la loi du 7 janvier 1791 les définit en ces termes : « Tout propriétaire de brevet aura le droit « de former des établissements dans toute l'étendue du royaume, et même d'autoriser d'autres « particuliers à faire l'application et l'usage de ses « moyens et procédés; et, dans tous les cas, il « pourra disposer de son brevet comme d'une « propriété mobilière. » En donnant plus de solennité à la délivrance qui a été faite des titres provisoires, et en en portant la connaissance jusqu'aux extrémités du royaume, l'ordonnance royale trimestrielle de proclamation des brevets expédiés pendant le trimestre antérieur, complète définitivement les droits des brevetés, leur en assure le plein exercice, et surtout les investit du pouvoir nécessaire à la poursuite des contrefaçons, et à actionner les contrefacteurs devant les tribunaux.

Parmi tous ces droits, il en est deux qui exigent de briéves explications.

Le premier est relatif à la cession totale ou partielle des brevets. On ne peut l'opérer légalement qu'en vertu d'un acte notarié, quand même elle ne comprendrait que des licences qui ne sont pas distinguées par la loi, des cessions ou transports proprement dits; et encore faut-il que cet acte soit enregistré au secrétariat d'une préfecture et au ministère du commerce, à peine de nullité.

Le second se rapporte à l'exploitation des brevets par actions. Elle était interdite formellement, et sous peine de déchéance, par l'art. 14, tit. 2, de la loi du 25 mai 1791. Un décret du 15 novembre 1806, l'a autorisé, à la condition expresse de demander et d'obtenir au préalable la permission du gouvernement. On se conforme aujourd'hui à ce dernier état de la législation, sur un point auquel les Anglais attribuent, comme on l'a vu, une très-grande importance.

Ils n'en attachent pas moins à la prolongation des brevets, dont ce serait ici le lieu de parler; mais attendu qu'il n'y en a que peu d'exemples en France, et seulement pour des brevets de cinq ou de dix ans, il suffira de dire que le gouvernement n'y accorde aux brevetés des prorogations, par des ordonnances royales et moyennant un supplément de taxe, que dans des cas rares et par les considérations les plus puissantes. Quant à ce qui est à observer dans ces cas exceptionnels, on peut consulter les auteurs qui en ont écrit, et notamment l'Instruction théorique et pratique sur les brevets d'invention, de perfectionnement et d'importation, qui se trouve au bureau de la Société polytechnique, rue de la Paix, 20, à Paris.

Déchéance des brevets.—Les brevets, quoiqu'ils aient été revêtus de toutes les formalités légalement prescrites et ci-devant indiquées, encourent la déchéance, et leurs titulaires perdent tous les droits qui leur avaient été conférés,

1° Si, en formant la demande de ces titres, ils n'ont pas consigné dans la description ou mémoire descriptif présenté à l'appui, leurs véritables moyens d'exécution ;

2° Si leur description ne contient pas le détail de tous les procédés qu'ils emploient, ou s'ils n'y ont pas fait ajouter par des certificats d'addition et de perfectionnement, ceux qu'ils auraient postérieurement découverts ;

3° S'ils se sont fait délivrer leurs brevets pour des découvertes déjà décrites dans des ouvrages imprimés et publiés, en quelque langue que ce puisse être, ou que la publicité qu'elles auraient acquise par d'autres voies, a placées dans le domaine général de l'industrie ;

4° S'ils n'acquittent pas la totalité de la taxe;

5° Si, dans l'espace de deux ans, à partir de l'expédition du certificat de leur demande, ils n'ont pas mis leurs procédés en activité, sans justifier des causes de leur inaction ;

6° S'il est reconnu et déclaré par les tribunaux que les moyens brevetés à leur profit, sont contraires aux lois du royaume, à la sûreté publique, ou aux réglements de police ;

7° Si, après avoir pris un brevet en France, ils en prennent un pour le même objet en pays étranger.

Il est à remarquer sur ce dernier cas de déchéance, que c'est contre les intérêts du breveté qu'il a été établi, et que l'administration le laisse tomber en désuétude; la défense de faire privilégier hors du royaume, une invention qui forme en France l'objet d'un privilége en exercice, étant très-facile à éluder par le titulaire qui obtient à l'étranger, un nouveau titre sous un autre nom que le sien.

Remarquons aussi que le quatrième cas de la déchéance d'un brevet, laquelle est encourue par le défaut d'acquittement de la seconde partie de la taxe, donne souvent lieu, de la part du ministre, à une bienveillance toute paternelle. Des termes pour le paiement restant à faire par les brevetés en retard, leur sont accordés lorsqu'ils les demandent; ils ne reçoivent jamais moins de deux ou trois avertissements, avant que l'on sévisse contre eux : ce n'est enfin qu'après un an ou dix-huit mois, et même après deux années révolues, qu'une ordonnance du roi déclare la déchéance.

Marche à suivre par les brevetés, en cas de trouble, pour se faire maintenir dans leur possession et jouissance exclusive. — Les brevets qui n'ont été atteints par aucune de ces déchéances, ne laissent pas d'exposer leurs possesseurs à être troublés dans l'exercice privatif des procédés et moyens qui en dépendent. Plus ils leur procurent d'avantages, plus ils ont de mérite, et plus la cupidité s'efforce de s'en emparer par la contrefaçon.

Ce n'est pas mon dessein d'entrer dans les détails de procédures qu'emploient les brevetés en poursuivant les contrefacteurs. Presque toutes fondées sur le droit commun, elles commencent par la saisie des ouvrages contrefaits, et se terminent ou par la condamnation du poursuivi, à la confiscation, à des dommages-intérêts, à l'amende et aux dépens, ou par l'annulation du titre en vertu duquel on les exerce s'il y a preuve, en définitive, que ce titre est dépourvu de son caractère le plus distinctif, la nouveauté; elles ont d'ailleurs beaucoup d'analogie avec celles usitées en Angleterre, et que M. Carpmael a consignées dans son ouvrage. Cependant, lorsqu'on apprécie les effets généraux des unes et des autres, et qu'on les compare entre eux, il est facile de reconnaître que celles-ci l'emportent infiniment sur celles-là, et sont plus efficaces.

D'abord, les dommages-intérêts que subissent les contrefacteurs dans la Grande-Bretagne, sont plus considérables; nous avons vu qu'en plusieurs cas, la condamnation entraîne le triple des dépens du procès, et que l'usurpation de la marque du breveté ou des signes dont il se sert, est punie d'une amende de cinquante livres sterling (douze cent cinquante francs) *par chaque ouvrage contrefait*. Abandonnés, en France, au seul arbitrage des juges, les dommages-intérêts y sont presque toujours fixés d'une manière trop faible.

En second lieu, comme il arrive fréquemment que le poursuivi cherche à fonder sa défense sur la nullité vraie ou prétendue du brevet, il obtient provisoirement que la validité en soit discutée avant le jugement de la contrefaçon; et pendant qu'elle se discute, ce qui cause des retards fâcheux qu'un appel étend quelquefois au-delà d'un ou même de deux ans, il continue de contrefaire, ce que le poursuivant n'a aucun moyen d'empêcher. En Angleterre, le breveté se met à l'abri de ce préjudice par une injonction délivrée en cour de chancellerie, c'est-à-dire par une défense de produire et de verser dans le commerce, des objets semblables à ceux argués de contrefaçon.

Projet d'amélioration de la législation française, en ce qui concerne les brevets. — Pour obvier à ces derniers inconvénients, et pour en faire disparaître quelques autres signalés par l'expérience acquise pendant près de cinquante années, l'administration du commerce a préparé un projet de loi qui, rendu public après avoir été médité longuement, est loin de réunir tous les suffrages, d'autant plus qu'il contient, non des modifications partielles à la législation existante, mais sa refonte totale. On lui reproche d'être incomplet malgré son étendue, et principalement de ne pas remplir d'une manière convenable, la plus grande lacune que l'assemblée constituante a laissée dans son ouvrage sur les droits des inventeurs, par l'absence d'une disposition analogue à celle du caveat anglais qui serve de sauve-garde aux inventions ébauchées ou dont il n'a pas été fait une épreuve suffisante. Ce projet offre l'empreinte de notre caractère national, qui, en toutes choses, veut trop généraliser, et qui nous porte à chercher le mieux, tandis que nous devrions nous tenir au bien, sauf à ajouter ce qui y manque, et à rectifier ce qui le dépare. Nos lois des 7 janvier et 25 mai 1791, sont excellentes dans leurs dispositions fondamentales : chacun en convient. Pourquoi irions-nous les bouleverser de fond en comble? Conservons-les au contraire avec soin, en nous bornant à les modifier. Imitons les Anglais qui, après une enquête de sept à huit ans, ont eu garde de reprendre dans tous ses points leur législation des patentes, et l'ont seulement améliorée par l'acte de mai 1832. Ils nous ont emprunté en l'améliorant, nos *certificats d'addition* qu'ils remplacent aujourd'hui par ce qu'ils appellent *Renonciations* et *memorandum de changements*. Empruntons-leur, à notre tour, leur façon de faire et de procéder dans la même matière.

Mon avis serait donc qu'en écartant le projet que l'administration a fait élaborer, et qui ne paraît pas pouvoir supporter la discussion, on y en substitue un qui n'apporte que des modifications aux lois des 7 janvier et 25 mai 1791, et soit restreint aux objets suivants.

I. Ce qu'il y a de plus essentiel et de plus urgent à y introduire, c'est une assurance, une sûreté, une certitude pour l'inventeur qui n'a pas assez mûri son invention, ou qui a besoin d'expérimenter si elle produira les effets qu'il en attend, que ses droits resteront intacts pendant un nombre de mois à déterminer, à la charge par lui de se conformer préalablement à ce que prescrira la nouvelle loi; c'est, en un mot, une disposition qui se rapproche du caveat anglais, en formant une sauve-garde réelle et efficace. Elle est appelée par le vœu général de nos artistes inventeurs; elle est regardée comme nécessaire par tous ceux qui ont étudié et observé la marche de l'esprit humain dans la création graduelle des nouveaux procédés d'industrie et de leurs moyens d'exécution; la force et la nature des choses la font même adopter assez souvent, car beaucoup d'inventeurs, après avoir déposé la demande d'un brevet, prient le bureau qui les délivre, d'en suspendre l'expédition, ce qui est facilement accordé, afin qu'ils aient le temps ou d'approfondir leurs découvertes, ou d'en constater le résultat par des épreuves en grand.

Les auteurs du projet que je repousse, l'avaient bien senti; c'est pour cela qu'ils proposent des petits brevets d'un an, assujétis à deux cents francs de taxe, et qu'il serait loisible aux inventeurs d'abandonner à leur échéance, en sacrifiant les fonds qu'ils auraient versés. Mais ce mode, tiré de la législation autrichienne, qui ne peut nous servir de modèle puisqu'elle est elle-même calquée en grande partie sur la nôtre, serait vicieux sous plusieurs rapports : il enchaînerait trop longtemps l'imagination, les efforts et les tentatives des inventeurs qui auraient des idées analogues à celles du porteur d'un petit brevet; il serait infiniment trop coûteux pour ne conduire qu'à une incertaine éventualité; enfin, il nous exposerait à voir l'étranger envahir beaucoup d'ébauches de nos inventions, et les porter chez lui en les perfectionnant.

Quoique sans doute il soit difficile d'indiquer un meilleur mode et susceptible de moins d'inconvénients, il ne doit pas être impossible de le trouver et d'en doter notre industrie.

II. Par l'art. 9 de la loi du 7 janvier 1791, il fut statué formellement que la durée du brevet délivré en France pour la découverte importée d'un pays étranger, n'excéderait pas le terme fixé dans ce pays à l'exercice privatif de l'inventeur. Le décret du 3 août 1810 assimile, au contraire, la durée du brevet d'importation, à celle des brevets d'invention et de perfectionnement.

Comme ce décret n'a pas eu de promulgation légale, par défaut d'insertion au Bulletin des lois, des tribunaux n'y ont point d'égard; ils décident, en conséquence, suivant l'art. 9 de la loi du 7 janvier 1791, tandis que l'administration continue de s'attacher au décret postérieur, et s'y conforme. C'est une fâcheuse dissidence que fera cesser la nouvelle loi.

Il est à désirer, en outre, qu'elle prononce sur l'existence même des brevets d'importation, et qu'elle les supprime, ou qu'à l'exemple de l'Angleterre, elle les admette fictivement, sans aucune différence entre eux et les autres brevets. Ce dernier parti semble le plus sage et le plus avantageux, parce que de nouveaux moyens d'industrie, quoique brevetés ou connus à l'étranger, n'existent pas réellement pour nous s'ils ne sont pas pratiqués en France, et qu'il est utile d'y en faciliter l'introduction pratique, de quelque part qu'ils nous viennent, et quel que soit l'individu étranger ou régnicole qui les ait conçus et en ait indiqué l'application.

III. Les brevets de cinq ans servent fréquemment de masque au charlatanisme, à cause du peu d'élévation de la taxe. D'un autre côté, quand ils ne sont pas pris par des charlatans, mais par des auteurs d'inventions véritables et productives, le terme de leur exploitation échoit avant qu'ils aient apporté du profit à leurs titulaires; ce n'est pas trop, en effet, d'un espace de cinq années pour fonder un établissement de produits ou de moyens nouveaux, même sur une petite échelle, pour inspirer et répandre le goût de ces produits, etc., de sorte qu'à la veille d'être récompensé de ses dépenses et de ses peines, le breveté voit ses espérances détruites par des concurrences fatales. Ne conviendrait-il pas, par ces considérations, de supprimer les brevets de cinq ans, et de ne conserver que ceux de dix et de quinze?

IV. Ce que j'ai dit du cas de déchéance où le breveté se trouve, lorsqu'il prend en son nom, à l'étranger, le privilége de ce qu'il a déjà fait privilégier en France, suffit pour que l'on efface de nos lois une disposition inutile, qui est éludée constamment et avec une facilité extrême. Il n'y a personne qui ne le désire. L'administration elle-même y donnera volontiers les mains.

Ne faudrait-il pas aussi excepter des déchéances celle qui est encourue pour n'avoir pas mis, en deux ans, ses moyens en activité, sans justifier des causes de l'inaction? L'intérêt du breveté, le sollicite assez de ne pas se croiser si longtemps les bras.

V. Les confiscations et les amendes, réunies aux dommages-intérêts et aux dépens, que notre législation prononce à l'égard des contrefacteurs de brevets, sont trop douces, et elle ne présente pas de moyens au magistrat d'arrêter les contrefaçons lorsque le contrefacteur, en se défendant, argue un brevet de nullité. C'est ce que j'ai démontré jusqu'à l'évidence. Ainsi, tout commande d'aggraver les condamnations que doivent subir les contrefacteurs, et d'armer le juge du pouvoir de défendre provisoirement, suivant les circonstances, tout exercice de la contrefaçon, par un acte semblable à celui qui est appelé *injonction* en Angleterre.

VI. Suivant l'esprit de la législation actuelle des brevets, les descriptions des procédés et moyens à breveter, doivent être sincères et complètes, claires et précises. Il sera utile d'y exiger, à l'avenir, une autre condition qui est en quelque sorte sacramentelle en Angleterre, et qui serait toute dans l'intérêt du public; c'est qu'elles offrent, à peine de nullité, la distinction de ce qui est réellement nouveau, d'avec ce qui était connu.

VII. Enfin, on a trop souvent breveté des choses nouvelles ou présentées comme nouvelles qui, par leur nature et leurs effets, n'appartenaient pas ou semblaient ne pas appartenir directement à l'exploitation des arts et métiers. Telles furent des combinaisons ou systèmes d'opérations de finance, auxquelles la loi du 20 septembre 1792 déclara que celles des 7 janvier et 25 mai 1791 n'étaient pas applicables; telles ont été certaines méthodes d'enseignement pour l'écriture, la lecture, etc.; telles ont encore été des compositions pharmaceutiques, et des spécifiques ou remèdes que revendiquaient les lois spéciales concernant l'exercice de la médecine. Il convient de replacer entièrement sous l'empire de ces lois, les spécifiques et les compositions dont il s'agit, et de statuer par une disposition générale qu'il ne sera plus délivré de brevets pour les découvertes dont les résultats sont immatériels et n'exigent l'emploi d'aucun moyen dépendant des arts et métiers, ni pour des méthodes d'enseignement, ni pour des théories scientifiques ou des principes abstraits dont il ne serait point indiqué d'application aux travaux de l'industrie.

Voilà les points les plus marquants qui sont à améliorer dans notre législation des brevets. En les améliorant, on serait conduit sans doute à quelques autres rectifications secondaires de moindre importance, et qui auraient aussi leurs avantages particuliers.

H. TRUFFAUT.

FIN.

TABLE.

APPENDICE.